KB069874

나는 왜 내 마음을 모를까?

감정의 재발견, 진짜 나를 만나는 시간

나는 왜 내 마음을 모를까?

조서경 지음

|주|자음과모음

감정의 발견, 나를 알아가는 기쁨

문맹, 색맹, 미맹.

우리는 흔히 뭘 잘 모르는 사람에게 '맹'자를 붙여서 표현을 한다. 글을 읽지 못하거나 쓰지 못하는 사람을 문맹文盲, 빛깔을 가리지 못하거나 다른 빛깔로 잘못 보는 사람은 색맹色盲, 맛을 느낄 수 없거나 다른 맛을 느끼는 상태는 미맹味盲이다. 또 맹한 것들이 무엇이 있을까. 컴퓨터를 잘 모르는 컴맹, 음악에 대해 잘 모르는 음맹.

책을 시작하면서 맹한 얘기부터 꺼내드는 이유는 내가 감정을 잘 못 느끼거나, 잘못 느끼는 감맹感盲이었음을 고백하기 위해서다. 등급으로 치자면 1등급 정도. 감맹이 문맹, 미맹, 색맹 등 다른 맹과 좀 다른 점은 밖으로 티가 잘 나지 않거나 측정할 방법이 없다는 점이다. 내가 내 안의 감정을 아는지 모르는지를 모르는 상태. 자신의 감정을 잘 모른다는 것은 감정을 잘 표현하지 못한다는 말과는 다르다. 자신의 감정인 줄 알고 표현도 잘 했지만 그것이 사실 자신의 솔직한 감정이 아니었다는 얘기다.

주변에 보면 운 좋게도 자신의 진짜 감정을 알아가는 기회를 잡는 이들이 있다. 학교생활이나 사회생활을 하다가 인간관계가 힘들어지면서, 아이를 기르는 엄마가 아이와의 소통이 힘들어지면서, 혹은 우울증 때문에 힘들어하다가 자신의 감정을 알아보는 기회를 잡기도 한다. 나도 운 좋게 이런 기회를 만났다.

만약 인생을 위해 단 한 가지만 배울 수 있다면 나는 감정을 배우라고 할 것이다. 자신의 감정을 아는 것과 모르는 것은 어두운 길을 가는데 앞길을 밝혀주는 등불이 있느냐 없느냐의 차이라고 생각한다.

언제부터 내가 나의 감정에 관심을 가졌다면 좋았을까 생각해 본 적이 있다. 그 답은 중학생 때이다. 중학교 시절을 지나면 스스로 선택해야 할 많은 일들이 다가오는데, 나도 그때 내 감정을 알았더라면 더 좋은 선택을 할 수 있었을 것이라는 생각을 했다. 청소년에 대한 관심도 여기에서 시작됐던 것 같다.

어른을 대상으로 하는 심리다큐멘터리를 진행하면서 40대,

50대 어른들이 어린 시절의 결핍과 그로 인해 생긴 감정적인 문제로 얼마나 힘들게 살아왔고, 그 굴레에서 벗어나기를 얼마나 간절히 원하는지, 하지만 벗어나기가 얼마나 힘든지를 보았다. 나도 엇비슷한 과정을 겪어왔기에 그들의 모습을 보는 것만으로도 마음이 아팠다. 그 뒤에 중학생을 대상으로 하는 다큐멘터리에서 감정 수업을 진행하면서 느꼈다. '의외로 쉽구나, 그렇게 어렵지 않구나.' 처음에는 비교를 많이 하며 열등감에 시달리던 아이들도, 어린 시절의 결핍으로 분노가 많던 아이들도 8~9개월의 감정 수업 후에 서서히 자신의 감정을 찾아가고 벗어나는 것을 보았다. 감정적인 문제가 있다 하더라도 자신을 알아가는 방법을 배운다면 앞으로 30년, 40년을 감정적인 문제로 힘겹게 살지 않아도 되는 것이다.

물론 감맹에서 조금 벗어났다고 해서 사는 게 크게 달라지는 것은 아니다. 타고난 주변 환경이 바뀌는 것도 아니고, 없던 능력이 생겨 큰 성과를 낼 수 있는 것도 아니며, 훌륭한 성품의 소유자가 되는 것도 아니다. 똑같은 일을 하고, 여전히 시간이 없고, 게으름을 부리고, 사회성도 고만고만하다. 다만 한번 불편한 감정이 생기면 푹 빠져서 휘둘리기 일쑤였는데, 이젠 불편한 감정이 생겨도 그 감정에 정복당하지는 않는다. 정복당하지 않으니 빠져나올 수 있고, 빠져나올 수 있으니 좀 더 빨리 문제를 해결할 수도 있다.

감정 이야기를 시작하며

그러니 자신의 감정을 잘 안다는 것은 허튼 곳에 삶의 에너지를 낭비하지 않고 집중할 곳에 집중할 수 있다는 얘기이다. 그것이 이 책을 쓰는 이유이기도 하다.

이제부터 감정의 의미와 함께, 상황에 대한 자신의 반응과 행동을 살펴서 자기 안의 진짜 감정을 발견하는 방법에 대해 이야기를 하려고 한다. 특히 인간의 여러 가지 감정 중에서 불안, 시기심, 분노, 슬픔에 집중했다. 나를 불편하게 하는 것이 무엇인가 들여다보다 차례차례 만나게 된 감정이 크게 이 네 가지였다. 불편한 이 감정들과 화해를 할 수 있다면 많은 문제가 해결되는 것을 느꼈다.

이 책에 소개된 사례들은 저자의 이야기이거나, 심리 공부를 같이했던 사람들, 방송을 제작하며 많은 이야기를 나눴던 분들의 것이다. 많은 영감을 주고 생각하게 해주신 분들에게 감사를 전한다.

선생님이 아닌 학생의 입장, 상담가가 아닌 내담자의 입장, 저자가 아닌 독자의 입장에서 감정 여행을 해온 시간과 진심을 전할 수 있어서 감사하다.

조서경

감정感情

'감정'이란 어떤 상황에 대한
나의 신체적, 정서적, 인지적 반응을 말한다.
감정이 일어난다는 것은
그 상황이 나에게 크든 작든
의미가 있다는 뜻이다.
내 모든 감정에는 이유가 있다.

얻지 못할까 봐, 혹은 잃을까 봐

불안

불안이 보내는 신호

드디어 내일이 시험이다. 중학교 3학년인 동우는 머릿속이 좀 복잡하다. 집에 오는 내내 학원에 가서 최종 점검을 하는 게 좋을지, 집에서 혼자 공부를 하는 게 좋을지 고민했다. 아무래도 학원 최종 점검은 따라갈 수 없을 것 같다. 집에 돌아오자마자 책상에 앉았다. 그런데 책을 펴려고 하는 마음과는 달리 손은 핸드폰부터 뒤진다. 학급 단톡방에서 다툼이 있었는데 어떻게 됐는지 궁금하다. 몇 가지만 확인을 하고 책을 펴야지, 펴야지, 펴야지······. 단톡방을 나와서 곧 게임을 시작한다. 매일 한 시간씩은 했으니 아무래도 빨리 해치우고 공부를 하는 게 낫겠다. 안 그러면 계속 게임 생각이 날 테니. 드디어 엄마가 방문을 열었다. 내일이 시험

15   불안 ─ 얻지 못할까 봐, 혹은 잃을까 봐

인데 학원도 안 가고, 게임이나 하고 있어? 게임
은 덮었다. 그런데 엄마한테 한소리 듣고 났더니 영
공부할 맛이 안 난다. 나가서 농구라도 한 게임 하고 개
운하게 들어와야 공부가 될 것 같다. 평상시에도 농구를 하
면 기분이 상쾌해졌으니까. 한 시간만 해야겠다. 앗, 그런데 언제
두 시간이 지났지? 두 시간이나 농구를 해서 그런지 배고프고 졸
리다. 엄마가 야단을 치지 않았다면 농구하러 나가지 않았을 텐
데, 지금 피곤한 건 몽땅 엄마 탓이다. 엄마 때문에 짜증이 솟아
오른다. 어느새 손톱이 입에 물려 있다. 잘근잘근 정성껏 손톱을
물어뜯는다.

시험이 코앞일 때 차분히 앉아서 공부를 할 수 있으면 좋으련
만, 동우처럼 마음이 잡히지 않는 경우가 많다. 그러면서 이 탓 저
탓 엄마 탓. 막상 제 탓은 하지 않는다.

혹시 이런 경험들은 없나 생각해보자. 시험 기간이 다가오는데
오히려 잠을 많이 잔다. 반대로 잠을 못 잔다. 집중을 해야 할 때
손톱을 물어뜯는다. 어느 순간 머리카락을 돌돌 말고 있다. 한곳
에 3초 이상 머물지 못하고 왔다 갔다 한다. 발표를 앞두고 배가
살살 아프다. 많은 사람들 앞에서 말을 할 때 목소리가 떨린다.

왜 그럴까? 나는 대학 입시를 하루 앞둔 날, 태어나서 처음으

로 잠이 오지 않는 경험을 했다. 몇 시간이라도 자야 시험을 볼 텐데 눈이 피곤해지고 머리가 띵해질 뿐 잠이 안 드는 것이다. 왜 이러지? 이러다가 시험을 망치는 거 아니야? 생각을 하면 할수록 잠은 더 달아났다. 그렇게 눈을 감고 잔 듯 만 듯 일어나 시험장으로 향했었다. 그리고 7~8년이 지난 뒤 또 한 번 잠이 안 오는 날이 있었다. 홧김에 첫 직장에 사표를 던져버리고, 앞으로 내가 어찌 되려나 생각하던 날이었다. 그리고 그날, 몇 년 전 대학 입시 전날 잠을 못 잔 이유가 '불안'했기 때문이라는 걸 알았다. '아, 그날 내가 불안했던 거구나.' 뒤늦게 감정을 알아챈 것은 내가 감정에 아주 둔한 '감맹'이었기 때문일 것이다. 그 후로 마음은 괜찮은 것 같은데 말똥말똥 잠이 안 드는 날에는 '아, 내가 지금 불안하구나.' 하고 생각한다. 내가 감정을 잘 모르고 있을 때에도 몸이 먼저 안다. 이 없으면 잇몸이라고, 몸의 상태를 보고 감정을 알아채게 된 것이다.

불안감이 생기면 우리 몸의 자율신경, 특히 교감신경계가 활성화된다. 이로 인해 내분비 기능에 변화가 생기면서 신체에도 변화가 생긴다. 이런 변화는 병이 아니라 교감신경계의 활성화에서 비롯된 증상이다. 그러다가 위험한 상황이 사라지고 안정감을 느끼게 되면 부교감신경계가 자극되어 우리 몸도 평안한 상태로 되돌아오게 된다.

불안 – 얻지 못할까 봐, 혹은 잃을까 봐

시험을 앞둔 중3 동우의 신체 증상은 한마디로 안절부절못하는 것이다. 시험의 부담, 공부를 하지 않았다는 불안감에 휘둘리는 것이다. 그러면서 마치 해야 할 일이 있어서 왔다 갔다 한다고 생각한다. 만약 반드시 해야 할 일이 있어서 다른 일을 한 것이 아니라 불안감을 이기지 못해 안절부절못했다는 것을 알아챈다면 그 상황에서 빨리 벗어날 수 있을 것이다. 자신이 극복하지 못한 것은 상황이 아니라 '불안'이라는 감정이다. 만약 해야 할 일을 시작하지 못하고 이리저리 헤매고 있다면 불안한 게 아닌지 생각해보자.

교감신경계 사람의 자율신경계는 교감신경계와 부교감신경계로 나누어진다. 교감신경은 대개 아드레날린을 분비하고 부교감신경은 아세틸콜린을 분비한다. 예컨대 교감신경은 심장박동을 촉진하고 부교감신경은 이를 억제하는 것이다. 교감신경은 신체가 위급한 상황일 때 이에 대처하는 기능을 한다. 교감신경이 흥분하면 심장 박동수가 증가하며 근육의 세동맥은 확장되고 소화관과 피부의 세동맥은 수축하여 혈압이 상승한다. 이를 통해 피부나 위장관의 혈액이 뇌, 심장, 근육으로 집중되며 동공은 확대되고 항문과 방광의 수축이 일어나며 땀이 분비되고 피부 털이 일어서게 된다. 교감신경계는 척수부터 혈관, 장기, 땀샘에 걸쳐 광범위하게 분포한다.

시험 기간이 다가오면 잠을 많이 잔다.
반대로 잠을 못 잔다.
손톱을 물어뜯는다.
머리카락을 돌돌 만다.
한곳에 머물지 못하고 왔다 갔다 한다.

만약 불안감을 이기지 못해
안절부절못했다는 것을 알아챈다면
그 상황에서 빨리 벗어날 수 있을 것이다.
자신이 극복하지 못한 것은 상황이 아니라
'불안'이라는 감정이다.

불안은 사는 데 꼭 필요한 감정이다

불안은 몸도 마음도 불편하게 만드는 감정이다. 그러나 불안은 위험으로부터 우리의 삶을 지켜주는 감정이기도 하다. 어디서 무엇인가 위험한 상황이 다가온다고 생각되면 불안이라는 감정이 생겨서 대처할 수 있도록 하는 것이다.

만약 불안감을 못 느낀다면 어떻게 될까? 한겨울에 생후 10개월 된 아이를 데리고 외출하는 엄마가 아이 옷도 제대로 입히지 않고 덮을 것도 없이 집을 나선다면? 사람들은 말할 것이다. "아이 엄마가 아이가 감기에 들까 걱정도 안 돼?" 이때 걱정이란 '불안'과 같은 말이다. "아이가 감기에 들까 불안하지도 않아?" 이럴 때는 엄마가 불안감을 느껴서 아이에게 옷을 잘 입힌 뒤 안고 나가는 편이 좋다. 차가 쌩쌩 달리는 대로변에서는 혹시 사고가 날까 '불안'하여 조심하는 편이 좋다.

불안이란 위험이 다가오고 있다는 신호이다. 어떤 상황을 위험, 혹은 위협으로 느꼈을 때 불안해져야 신체적으로 준비하고 위험에 대할 수 있다. 때문에 대부분의 불안은 당연하고 정상적이며 긍정적이다. 물론 얼마나 많은 불안을 느끼느냐에 따라 위험에 대비하는 정도는 달라질 것이다. 겨울 산행을 준비할 때 꼭 필요한 것만을 간단하게 챙기는 사람이 있는 반면, 비상식량, 비상 약품을 비롯해 꼼꼼하게 챙기는 사람이 있다. 이런 사람은 늘 가방이 무겁기는 하지만 실생활이 불편할 정도로 부정적인 영향을 끼치지는 않는다. 이런 불안은 '긍정적인 불안', 혹은 '적절한 불안'이라고 한다. 시험을 앞두고 있거나 면접을 보거나 무대에서 발표를 하거나 국가대표 선발전에 나가게 된다면 누구나 '불안'할 것이다. 만약 이런 상황에서도 천하태평으로 전혀 불안감을 느끼지 않는다면 그것이 이상한 일이다. 적절한 불안감이 있어야 긴장을 늦추지 않고 준비할 수 있다.

그런데 나와 남의 생활에 불편함을 끼치는 불안이 있다. 예를 들면 '건강염려증'이라는 게 있다. 건강염려증은 자신이 심각한 질병에 걸렸다는 믿음, 심각한 병에 걸릴 수 있다는 생각에 사로잡혀 지나치게 염려하고 병에 집착하는 것을 말한다. 어떤 직장인은 약 먹을 시간이 지났는데 회의가 길어지면 안절부절, 집중을 하지 못한다. 회의가 길어지리라 예상되면 미리 약을 먹고 들어가거나 회의가 끝나고 먹으면 될 것을 정확하게 시간을 지켜야 한다고 생각하는 것이다. 그 사람이 그토록 불안해하면 다른 사람들조차 회의에 집중을 할 수가 없다. 이렇듯 특별한 이유가 없는데도 늘 불안을 느끼고 나와 남의 생활에 불편을 끼치는 불안의 증세는 많이 있다. 이런 불안을 '부정적인 불안', 혹은 '병적인 불안'이라고 하는데, 이것이야말로 진심으로 걱정해야 할 일이다.

불안과 비슷한 감정으로 '공포'가 있다. 미국의 심리학자 리처드 래저러스Richard S. Lazarus는 "공포는 신체의 행복에 대한 구체적이고 갑작스러운 위험과 직면한 것으로, 그 위험이란 상해, 또는 죽음이 곧 닥쳐올 것이라는 전망을 뜻한다"고 정의하였다. 말하자면 공포는 실제적인 것이다. 총탄이 빗발치는 전쟁터라면 혹시 총알에 맞지 않을까 '공포'스럽다. 밤늦은 시간에 홀로 걷고 있는데 누군가 뒤에서 쫓아오면 그가 나를 해치지 않을까 '공포'스럽다. 그러나 집에 누워 있는데 밤길에 누군가 나를 쫓아와서 위협을 가하면 어떡하나 두려워진다면 그것은 '불안'이다.

실존주의 철학자인 사르트르Jean Paul Sartre도 공포와 불안을 구분했다. 그의 말을 빌리자면 높은 절벽 위에서 내가 실수로 낭떠러지로 미끄러져 떨어지지 않을까, 혹은 누군가 나를 밀어버리지

않을까 하는 두려움은 '공포'이고, 내가 뛰어내리지 않을까 하는
두려움은 '불안'이라고 한다. 말하자면 공포가 외부로부터 주어
지는 두려움이라면 불안은 나의 내면이 만들어내는 두려움이라
할 수 있다.

　우리나라의 한 실존주의 심리학자는 불안을 드러나거나, 혹은
드러나지 않는 것에 대한 감정이라고 설명한다. 자신의 존재가 드
러나지 않을까 봐, 혹은 자신의 존재가 드러날까 봐 느끼는 감정,
내가 잘하고 잘난 것이 있는데 남들이 알아주지 않을까 봐 노심초
사하는 것, 잘못한 것이나 부족한 게 있는데 남들이 알아챌까 봐
안절부절못하는 감정이 바로 불안이라는 것이다. 이것은 존재감
에 대한 불안이라고 할 수 있다.

　그렇다면 불안에서 벗어나는 것은 간단한 일이다. 잘못한 일이
있으면 욕을 먹고 벌을 받으면 된다. 잘못을 해놓고도 욕먹지 않
고 벌 받지 않고 들키지 않으려고 하니 조마조마하고 불안한 것이

　　　　　　　　　　　　　　　불안－얻지 못할까 봐, 혹은 잃을까 봐

다. 잘 못하거나 모르는 것이 드러나도 그것을 인정하고 당당하면 불안할 것이 없다. 내가 잘하고 잘난 것을 남들에게 보이려 애쓰지 않는다면 불안할 것이 없다. 하지만 말이 쉽지, 수행하는 종교인이나 성인이라면 혹시 모를까 평범한 사람들이 이런 마음을 갖기란 쉬운 일이 아닐 것이다. 평정심을 유지하기 힘들 수도 있다. 하지만 왜 불안이라는 감정이 생기는 것인지 이유를 염두에 두고 있다면 불안을 다스리는 데 도움이 될 것이다.

잘하고 싶어서 불안하다

우리나라 청소년들은 어떤 상황에서 불안을 느낄까? 여성가족부와 통계청이 발표한 '2014년 청소년 통계'에 따르면 청소년들이 고민하는 주요한 문제는 공부(32.9%), 직업(25.7%), 외모와 건강(16.9%) 순서였다. 또한 13~24세 청소년 10명 중 1명(11.2%)은 지난 1년 동안 한 번이라도 자살 충동을 느꼈으며, 그 주된 이유는 '성적 및 진학 문제'가 39.2%로 가장 높았다. 연령대별로 보면 13~19세 청소년은 '성적과 적성을 포함한 공부'(50.4%)에 대해 가장 고민하는 것으로 나타났다. 2014년 보건복지부가 발표한 아동종합실태조사에서는 우리나라 아동과 청소년 삶의 만족도가 100점 만점에 60점에 불과했는데, 자신의 삶에 만족하지 못하는

불안 – 얻지 못할까 봐, 혹은 잃을까 봐

이유는 학업 스트레스, 학교 폭력, 인터넷 중독 순으로 나타났다. 9~17세 아동의 우울과 불안 수준이 높은 편이어서 3.6%가 자살을 생각한 적이 있다고 대답했다. 우리나라 청소년들에게 공부와 성적이 가장 큰 고민이고 불안을 일으키는 요인임에 틀림없어 보인다.

한국은 경쟁과 협동 중 경쟁을 더 중요시하는 사회이고 성적 경쟁, 입시 경쟁에 취업 경쟁도 높다. 그러니 부모는 성적이 자녀의 인생을 결정짓는 가장 큰 요소라고 생각해 공부하라는 말을 입에 달고 산다. 공부를 잘하든 못하든 아이들은 성적 압박감을 느낀다. 행복은 성적순이 아니라고는 하지만 그래도 성적이 좋으면 일단 행복의 길로 들어서는 데 유리하다고 생각한다.

그러고 보면 시험 불안을 개인적인 문제로만 볼 수는 없다. 사회의 불안 지수가 높으면 당연히 개인의 불안 지수도 높다. 전쟁이 빈발하는 지역에 사는 사람과 평화로운 지역에 사는 사람을 비교하면 당연히 전쟁 지역 사람들의 불안 지수가 높다. 부모가 폭력적인 성향이면 그렇지 않은 가정의 자녀보다 불안 지수가 높을 것이다. 같은 맥락으로 한국사회는 전체적으로 학생들의 시험 불안이 높을 수밖에 없다.

시험 불안은 다양한 증상으로 나타나는데 시험 날짜가 발표되기만 해도 심장이 쿵 하고 내려앉는다거나, 시험 전날 잠을 못자거나, 가슴이 두근거리거나, 배가 아프거나, 손과 등에 식은땀이 나기도 하고, 모르는 문제가 나왔을 때 머릿속이 하얗게 되면서 아무 생각이 안 나기도 한다. 늘 실수를 하거나 망칠 것 같다는 생각에 시달리며 답을 한 칸씩 밀려 쓰는 일이 많고, 시험지를 박박 찢거나 교실 밖으로 뛰쳐나가는 상상을 하기도 한다.

중학교 3학년인 현태는 성적표가 나오는 날이면 딱 죽고 싶은 마음뿐이다. 엄마, 아빠는 모두 유명한 대학을 졸업했고 안정된 직업도 갖고 있다. 학원이든 뭐든 공부와 관련된 것이라면 거의 부족함이 없이 지원을 해주신다. 성적표를 보여드리면 딱히 야단을 치는 일은 없는데 뭔가 억지로 참는 듯한 표정이 너무 불편하다. 가끔 등 뒤에서 한숨을 쉬는 소리가 들리는 것 같다. 엄마, 아빠만큼 해야 인정을 받을 것 같은데 평생 그만큼은 할 수 없을 것 같은 생각이 든다. 시험이 다가오면 가슴이 답답하고, 공부에 집중하지 못할 때 스스로가 한심스럽게 느껴진다.

시험 불안을 느껴 상담실을 찾는 학생들 중에는 현태처럼 성적이 중상위권인 학생들이 많다고 한다. 부모님은 기대를 갖고 온갖 지원을 다 해주지만 성적은 기대에 미치지 못한다. 성적이 나쁜 것도 아닌데 늘 공부를 못하는 학생으로 여겨진다. 스스로 부담스

불안-얻지 못할까 봐, 혹은 잃을까 봐

러우면서도 목표치를 낮출 수 없다. 그러다 보니 아이러니한 일도 벌어진다. 성적으로 고민을 하고 있을 때 친구들이 "너 공부 잘하는데 뭘 그래, 이번 성적도 잘 나왔잖아."라고 말하면 위로가 되기는커녕 화가 벌컥 난다. '내가 이 정도 성적에 만족해야 하는 사람이라는 거냐.' 어느새 부모의 기대치에 자신의 눈높이를 맞춰놓고 기꺼이 그 부담 속으로 기어들어가 시험 불안에 시달린다.

시험 불안은 비단 청소년기에만 나타나는 것은 아니다. 20대에 국가고시를 준비하던 한 친구는 첫해 시험 날 복통을 일으켜서 아예 시험장에 가지도 못했다. 그러더니 매해 같은 일이 반복됐다. 처음에는 시험만 걱정이더니 이후에는 시험을 앞두고 배가 아프면 어쩌나 하는 불안까지 겹쳐졌다. 시험에 대한 불안 때문에 신체적인 증상이 생겼는데 나중에는 그 신체적 증상을 또 불안해하는 것이다. 결국 친구는 국가고시를 포기하고 다른 길을 찾았다. 물론 지금은 다른 일을 하면서 잘 살고 있다. 하지만 만약 시험을 앞두고 찾아오는 불안을 다스릴 수 있었다면 오랫동안 준비했던 시험을 치를 수도 있었을 것이다.

왜 똑같은 시험을 앞두고 누구는 적절한 불안을 느끼고 누구는 과도한 불안을 느끼며, 그로 인해 집중을 더 잘하기도 하고 실력보다 못한 성적을 받기도 하는 것일까? 아동청소년 심리상담센터의 상담 통계를 보면 부모의 학습 개입이 많고 기대가 높을수록,

경쟁에서 반드시 이겨야 한다고 생각할수록, 성적의 결과가 다음 기회로 이어진다고 생각할수록 시험 불안이 높다고 한다. 시험 성적이 좋지 않으면 많은 기회를 잃는다고 생각하니 실패에 대한 불안이 커진다. 이때 시험 불안을 벗어나는 가장 좋은 방법은 부모가 합리적이고 현실적인 기대를 설정하고 아이의 부담을 덜어주는 것이다. 간혹 이렇게 말하는 사람들이 있다. "닦달을 하고 부담을 줘도 성적이 안 나오는데, 기대치를 낮추고 괜찮다고만 하면 나태해져서 성적이 더 떨어지지 않겠어요?" 그렇게 말하는 부모의 불안도 이해할 수 있다. 그러나 결과는 다르다. 시험 불안이 큰 아이들 대부분은 스스로도 공부에 관심이 많고 잘하려고 노력한다. 심리적으로 부담을 덜어내고 긴장감을 해소할 수 있다면 아이들의 학습 효율과 시험 성적은 오를 수 있다.

우리는 아주 어려서부터 타인으로부터 평가를 받는다. 유치원에서도 발표 수업을 하고, 초등학교에 입학하면서부터는 시험을 본다. 학교에 다니는 동안 각종 발표와 대회, 시합에 나가기도 한다. 직장에는 승진과 관련된 각종 평가가 있고, 운동선수는 시합과 큰 대회에 출전해 평가를 받는다. 평가를 앞두고는 대부분의 사람이 긴장을 하고 불안을 느낀다. 다른 사람들 앞에 나서 평가를 받는 것에 대한 불안, 이런 불안을 '수행 불안'이라고 한다.

어른들도 수행 불안에 시달리는 경우가 많다. 내가 아는 한 방송작가는 프로그램 초기 구성을 할 때 개념이 잡히지 않으면 바로 누워서 잠을 자지 못한다. 마음에 바윗덩어리가 들어앉은 것 같고 그 무게가 실제로 느껴져서 몸을 잘 움직이지 못한다. 잠이 쏟아지면 책상 밑으로 들어가 웅크리고 졸다가 다시 의자로 기어 올라가 앉는다. 깊은 잠이 들까 봐 침대로 가지 않는 게 아니라 침대까지 갈 수 없을 만큼 온몸이 무겁다. 어떤 이는 이야기 구조가 잡히지 않을 때 종이가 서서히 타들어가듯 가슴이 말리며 온몸이 오그라드는 느낌에 시달리기도 하고, 손목과 발목이 예리한 도끼에 모두 잘려나간 듯 아무 것도 할 수 없는 느낌에 빠지기도 한다.

나는 기획 아이템을 발표하는 프레젠테이션이 다가오면 걱정이 많아진다. 맨 처음 프레젠테이션을 하던 날, 아침부터 심장이 콩닥콩닥 뛰기 시작했다. 시간이 갈수록 어찌나 요동을 치던지, 이러다 심장이 탁 튀어 올라 목구멍에 걸리는 게 아닌가 걱정이 될 정도였다. 그런 요동을 안고 발표를 하니 목소리는 부들부들 볼은 후들후들, 많은 사람들의 평가를 받는 자리에 설 때 불안감이 그렇게 큰 줄 몰랐었다. 그러다 보니 프레젠테이션 자체보다는 사람들 앞에서 후들거리고 떨까 봐 걱정이 됐다. 그러던 어느 날, 한 유명한 스님이 TV 프로그램에 나와 하시는 말씀을 들었다. "너무 잘하려고 하니 떨린다"는 것이다. 생각해 보니 그런 것도 같았다. 남들은 다 잘할 것 같고 나는 그들보다 못할 것 같다는 생각이 불안감을 증폭시키는 것 같았다. 그래서 심장이 콩닥거리기 시작하면 "다 너만큼은 준비했고, 너만큼 걱정해. 다들 그래."라고 나에게 말을 건넨다. 다들 나만큼은 긴장되고 불안하고 떨고 있을 것이라 생각하니 점차 나아졌다. 한 번 떨지 않고 프레젠테이션을 한 경험이 생기니 차차 그 불안에서 빠져나올 수 있었다.

수행 불안을 말할 때 큰 시합을 앞두고 있는 운동선수를 빼놓을 수 없다. 예측할 수 없는 시합 결과, 라이벌의 선전, 메달권에 들거나 기록을 향상시켜야 한다는 압박감, 실패했을 경우 예상되는 비난, 불확실한 미래. 더군다나 4년마다 한 번씩 열리는 올림픽에 출전하는 선수라면 그 긴장과 불안은 오죽할까 싶다. 세계 기록 보유자로 신기록을 기대하던 메달리스트들이 부정 출발로 어이없이 실격을 당하기도 한다. 훈련을 열심히 하여 전보다 실력이 향상됐어도 시합에 임했을 때 극도의 불안감을 극복하지 못하면 좋은 성적을 거두기 힘들다. 반면 자신의 불안을 잘 다스릴 수 있다면 결과는 달라질 것이다. 피겨스케이팅 선수였던 김연아는 2011년 피겨세계선수권의 쇼트프로그램 첫 점프에서 실수를 했다. 그것도 자신의 트레이드마크인 트리플콤비네이션 점프에서였다. 13개월의 공백 기간이 있었기 때문일까. 지켜보는 사람들도 긴장한 순간, 김연아는 다음 점프에서 기본 점프에 가산점을 받을 수 있는 점프까지 하며 실수를 만회했다. 웬만한 선수 같으면 자

불안―얻지 못할까 봐, 혹은 잃을까 봐

신이 가장 잘하는 점프에서 실수했을 때 당황하고 위축되어 연거푸 실수를 하거나 최악의 연기를 했을 수도 있다. 한 스포츠정신의학 전문의는 "프로의 세계에서 승부는 누가 불안감을 더 잘 다스리느냐에서 갈린다."고 말한다. 이 얘기는 어느 분야에서나 마찬가지일 것이다. 같은 수준의 실력을 갖추고 있고, 다 같이 노력을 하는 집단에서는 누가 불안을 더 잘 다스리느냐에 따라 차이가 나게 된다. 그래서 불안을 극복하고 마음의 안정을 찾는 것도 실력에 포함된다.

통제하고 싶어서 불안하다

중학교 3학년이 된 철수, 드디어 여자 친구가 생겼다. 친구들은 초등학교 때부터 여자 친구가 있었는데 철수만 모태 솔로였다. 그런 철수의 여자 친구는 그동안 혼자 좋아했던 영희. 그런데 여자 친구를 사귀는 것이 이렇게 힘들 줄이야. 수업을 마치고 영희네 교실로 갔는데 영희가 먼저 가고 없으면 화가 난다. 전화를 했는데 받지 않거나 톡에 답장이 없어도 화가 난다. 도대체 왜 연락을 받지 않는지, 어디서 뭘 하고 있는지 궁금해서 미칠 것 같다. 다음날 물어보면 수학 과외를 받느라 연락을 못 받았다고 하는데 어쩐지 거짓말을 하는 것 같다. 혹시 전 남자 친구인 준수를 다시 만나는 것은 아닐까. 나를 좋아하지 않는 것은 아닐까. 영희

불안 – 얻지 못할까 봐, 혹은 잃을까 봐

가 어디서 뭘 하고 다니는지, 무슨 생각을 하고 있는지 몽땅 다 알고 싶다.

이성 친구를 사귀다보면 자신도 모르던 자신의 성격에 대해 알게 된다. 내가 이렇게 집착하는 스타일이었나, 누군가를 통제하고 싶어 하나, 혹은 간섭을 싫어하나. 철수도 영희를 사귀면서 이전에는 알지 못했던 자신의 마음을 깨닫게 됐다. 이성 친구가 어디서 뭘 하는지, 누구와 있는지, 무슨 생각을 하는지, 모두 다 알고 싶은 것이다. 나를 좋아하는지, 얼마나 좋아하는지, 무슨 생각을 하는지, 다 알고 싶고 확인하고 싶어서 조마조마하다. 자신이 모르는 것이 있으면 화가 나고 불안해진다.

그런데 남의 마음이나 생각을 다 알 수 있을까? 남의 마음을 다 알았다고 치자. 다 알았는데 내 생각과 다르고 내 마음에 들지 않는다면 어떻게 할 것인가? 내 생각과 다르니 잘못된 생각이라고 몰아 부칠 것인가? 내 생각이 맞는 것이니 내 생각과 똑같도록 싹 뜯어고칠 것인가? 네 맘, 내 맘 구분 없이 딱 내 맘처럼 만들어놓을 것인가? 그런데 싹 뜯어고치려고 들면 상대는 고분고분하게 그러자고 할까? 그리고 한 가지 더, 나의 마음은 절대적으로 옳고 정당할까?

상대방의 마음이나 생각을 투명하게 다 알고 싶은 이유는 상대방을 통제하고 싶기 때문이다. 그런데 그게 잘 안 된다. 상대방의 마음을 다 알 수도 없고, 상대가 내 맘대로 되지도 않으니, 즉 통제가 되지 않으니 화가 나고 불안해지는 것이다.

자녀가 성장하면서 이성 친구를 사귀면 부모는 아이가 뭘 하고 돌아다니는지 궁금해 애가 탄다. 가끔 집에 늦게 들어오기도 하고, 말하지 않는 비밀도 생기는 것 같은데 혹시 위험한 일을 하고 다니는 게 아닌가, 불행한 삶을 살게 되는 게 아닌가, 온갖 상상 속에 불안해진다. 참고 참다가 뭐하고 늦게 들어오느냐고, 성적만 떨어져봐라 야단을 치면 싸우기 일쑤다. 부모는 자식이 계속해서 자신의 통제 속에 있기를 바라지만 자녀는 부모의 통제에서 벗어나려고 한다. 전쟁이 따로 없다. 사춘기 자녀를 둔 한 어머니의 카톡 상태창에는 이 갈등이 고스란히 드러난다. "내 말을 들으면 내 자식이 아니지."

어떤 일을 진행하면서 불안해지는 것도 이 선택이 어떤 결과를 가져올지 알 수 없기 때문이다. 결과를 통제할 수 없기 때문이다. 좋은 결과를 맺기 위해 위험 요소를 관리하고 대비를 하지만 완벽한 예측이 불가능해서 불안하다. 그렇다면 어떻게 해야 이 불안에서 벗어날 수 있을까?

사귀는 사람을 통제할 수 없어서 불안하니 완벽하게 통제를 하면 불안에서 벗어날 수 있을까? 하루 종일 무엇을 하는지 보고를 받고, 누구와 통화를 하는지 알기 위해 전화를 도청하고, CCTV를 달고, 무슨 생각을 하는지 미주알고주알 캐물으면 내 맘처럼 통제가 될까? 이것으로도 완벽한 통제가 안 되니 내 눈으로 볼 수 있는 곳에 가둬놔야 하나? 딱 봐도 제정신이 아니다. 이런 내용을 다룬 영화도 꽤 있는데 이런 영화는 로맨스 영화가 아니라 공포 영화다.

사랑과 통제를 구분하지 못하는 대사 중에 이런 게 있다. "주머니에 쏙 넣어 다니고 싶어." 아주 예전에 연애하던 남녀 사이에 오가던 흔한 대사였다. 이 말을 '항상 같이 있고 싶어'라는 달달한 말로 이해하고 좋아할 수도 있을 것이다. 그러나 생각해보면 이것은 통제의 최대치다. 상대를 항상 자신이 통제할 수 있는 곳에 머무르게 하여 필요할 때 보겠다는, 결국 내 맘대로 하고 싶다는 것. 물론 연애를 하면 이 경계가 흐려지기는 한다. 하지만 상대의 뜻을 따르는 것은 통제를 하고 싶거나, 통제를 받고 싶어서는 아니다. 내가 좋아하는 사람이 바라는 일이니 내 맘대로 하고 싶은 것을 조금 양보하고 맞춰주는 것이다.

상대방을 통제하면서 자신의 불안에서 벗어나려고 하면 그 목적을 달성할 수 없다. 부모가 다 자란 자녀의 생활을 통제하려고 들면 갈등이 그치지 않을 것이다. 살다 보면 내가 조절하거나 통제할 수 있는 상황은 그리 많지 않다. 어린아이들이 노는 모습을 봐

도 그런 점이 눈에 띌 때가 많다. 오랜만
에 만난 여덟 살, 여섯 살 사촌 자매가 함
께 놀다가 여덟 살 언니가 토라져버린다.
자기는 잘해주려고 하는데 여섯 살 동생
이 말을 안 들어서다. 내 맘대로 되지 않아
서 속상하고 미운 것이다. 어른들이 중간에
참견을 하면서 말 안 듣는 여섯 살 동생에게 언니
말 좀 들으라고 야단을 친다. 그런데 생각해보면 여섯 살 먹은 아
이가 오랜만에 만난 여덟 살 사촌언니의 말을 잘 들어야만 할까?
"내가 너에게 잘해줄 테니 넌 내 말을 들어." 이건 맞는 말인가? 못
해주는 것보다 잘해주는 것은 백배 좋은 일이지만, 여기서 주목할
것은 잘해주거나 못해주는 것이 아니라 내 뜻대로 하고 싶은 마음
이다. 그것이 상대방을 내 맘대로 통제하겠다는 것이다. 여덟 살
언니가 토라져서 다행이지, 내 말을 들으라고 강압적인 행동을 하
면 그것은 폭력이 된다.

　연애로 인해 심리 상담을 요청하는 이유 중 하나는 상대방을
믿지 못해서라고 한다. "나를 만나면서 한 번 한눈을 판 적이 있어
요. 그래서 헤어지려다 다시 만났는데, 이런 일이 또 생길까 봐 너
무 불안해요. 어쩌지요?" 이때 정신과 전문의가 해줄 수 있는 말
이 무엇일까? 친구가 이런 의논을 해온다면 뭐라고 말을 해줘야

　　　　　　　　　　　　　　불안－얻지 못할까 봐, 혹은 잃을까 봐

할까? "아니야. 다시는 안 그럴 거야. 이젠 정신을 차렸겠지. 또 그러면 그게 인간이야? 절대 그런 일 없을 거야."라고 해줘야 할까? 전문가들에 의하면 그건 아니라고 한다. 최선의 대답은 "그런 일이 있어도 별 수 없지요."란다. 쫓아다니며 일거수일투족을 감시할 수도 없고, 그냥 믿는 수밖에. 만약 그런 일이 일어난다고 해도 별 수 없는 것이다. 이것은 방관하라는 말이 아니다. 기대하지 않은 일이 일어날까 봐 모든 위험 요소를 배제하려고 노력하기보다는, 인간관계에 있어서 좋은 결과를 맺기 위해 최선을 다하되 어떤 결과가 오더라도 감당해 나갈 수 있는 사람이 되라는 것이다. 그것이 불안에 대처하는 가장 좋은 방법이다.

부모의 불안이 대물림된다

일곱 살 철수는 이번 주 일요일에 놀이공원에 간다. 태권도 학원의 사범님, 친구들과 함께 가는데, 그날 엄마는 바쁜 일이 있어서 함께 가지 못한다. 처음에는 괜찮다고 하더니 일요일이 다가올수록 철수는 불안해한다. "엄마도 같이 가면 안 돼? 사범님을 잃어버리면 어떡하지?" 이때 엄마가 뭐라고 해주는 것이 가장 좋을까?

— 사범님 잃어버리면 큰일 나. 사범님 옆에 꼭 붙어 다녀.
— 그런 일은 절대로 일어나지 않아.
— 너 순 겁쟁이구나.
— 그런 일이 일어나도 금방 찾을 수 있어. 걱정 마.

불안 - 얻지 못할까 봐, 혹은 잃을까 봐

엄마라면 당연히 사범님을 잃어버리면 큰일 난다고 말하고 싶을 듯하다. 경각심을 심어주어야 아이가 정신을 바짝 차리고 사범님을 잘 따라다닐 것 같다. 혹은 말이 씨가 된다고 하니 그런 일은 절대로 일어나지 않는다고 주문이라도 외워야 할 것 같다. 그런데 아동심리전문가들은 "그러다가 큰일 난다." 이런 말을 '협박'이라고 말한다. 협박을 해서 경각심을 주고, 그래서 큰일을 방지하려는 부모의 '좋은 뜻'이 사실은 아이들 마음속에 불안감을 키운다는 것이다. 사범님을 잃어버리지 않으려고 기를 쓰고 졸졸 따라다니느라 재미없었던 기억, 여러분도 이 비슷한 경험이 있지 않은가?

전문가들은 네 번째가 가장 좋은 답변이라고 한다. 아이가 엄마 없이 놀이공원에 가면서 불안한 마음을 갖는 것은 당연한 것이다. 하지만 중요한 것은 그 불안함을 부정하거나 억압하지 않고 자연스럽게 인정하면서 스스로 극복할 수 있도록 가르치는 것이다. 그래야 불안한 상황에서도 감정에 휘둘리지 않을 수 있다. "엄마가 따라가지 못하니까 걱정되고 불안하구나. 엄마도 그럴 것 같아. 다른 사람들도 다 그래. 만약에 그런 일이 일어나면 제자리에 딱 서 있어. 주머니에 전화번호도 넣어줄게. 금방 찾을 수 있어. 걱정하지 말고 재미있게 놀아."

공부와 성적에 대해서도 그렇다. "이따위로 공부하다가 커서 뭐가 될래. 노숙자 될래? 너 이러다가 인생의 루저가 되고 말걸."

부모는 이렇게 '협박'을 해서라도 아이가 책상에 앉아 있기를 바라지만 이런 말도 아이의 마음속에 불안을 키운다.

지영이 엄마는 중학교 2학년이 된 딸 때문에 불안해서 견딜 수가 없다. 지영이가 중학생이 되면서 학원비가 많이 들어 아르바이트도 시작했다. 공부를 하겠다고 하면 무슨 일을 해서든지 뒷바라지를 하려고 마음먹었다. 그런데 식당도 해보고 부업도 해봤지만 몇 년 전 구입한 작은 아파트의 대출금도 갚지 못했다. 아무리 열심히 일을 해도 형편이 나아지지 않는 것은 남편과 자신이 좋은 대학을 나오지 못해서라고 생각한다. 그래서 지영이가 공부를 잘하길 바란다. 아르바이트를 하느라 잘 챙기지 못하다 보니 지영이가 가끔 학원을 빠지는 것 같다. 바라는 것은 딱 하나, 지영이가 공부를 잘해서 장차 좋은 직장을 갖고 안정적인 생활을 하는 것이다. 그런데 요즘 보면 딱 자신처럼 살 것 같아 속이 타고, 지영이만 보면 소리를 지르게 된다.

지영이 엄마는 딸이 공부를 잘하고 성적이 좋아야 장차 사회적 신분이 보장되고 안정적인 삶을 살 것이라 생각한다. 안정적인 생활을 강조한다는 것은 그만큼 자신의 생활이 안정적이지 못하고 불안감을 느낀다는 것이다. 딸이 잘살기를 진심으로 바라기 때문

불안 – 얻지 못할까 봐, 혹은 잃을까 봐

에 공부하라고, 공부하지 않으면 인생의 낙오자가 될 것이라고 귀에 못이 박히도록 말한다. 그러나 이것은 부모의 불안을 자식에게 넘겨주는 것이다. 공부를 못하면 좋은 대학에 못 가고 좋은 직장을 못 구하고 좋은 배우자를 못 만날 것이며 인생의 낙오자가 될 것이라는 끊임없는 암시가 되고, 불안을 키우는 요소가 된다. 부모의 마음에 불안이 많으면 자녀의 마음에도 불안이 많다.

몇 년 전, 한 방송사에서 '모성의 대물림'에 대한 다큐멘터리를 방영한 적이 있다. 대부분의 출연자는 자녀를 양육하면서 자신의 불안을 알아챈 엄마들이었다. 놀라운 것은 출연자들의 불안은 그들의 어머니를 닮았다는 것이다. 소위 명문대를 나온 한 엄마는 자녀의 모든 면이 마음에 들지 않았다. 게으르고, 약속도 안 지키고, 성적도 최상위권이 아닌 아들. 학교 선생님도 칭찬하고 주변 사람들도 부러워하는 아이였지만 엄마 눈에는 한없이 부족했다. 그러다 보니 엄마와 아이의 갈등은 깊어졌고, 아이의 성적도 점차 떨어졌다. 갈등과 고민 끝에 알아챈 것은 자신의 어머니가 자신을 바라보던 시선으로 아들을 보고 있었다는 점이다. 가난한 집에서 나고 자라 부잣집으로 시집 온 어머니는 그 열등감을 극복하기 위해 아이들 공부에 매달렸다. 아이들 성적이 떨어지면 가난하게 자란 자신을 탓할까 봐 아무리 좋은 성적을 받아와도 칭찬 한마디 없이 더 잘하기만을 주문했다. 출연자는 성적이 떨어지면 어머니의 차가운 시선을 느껴야 했고, 공부를 잘하면서도 늘 불안했다. 그런데 자신이 그런 어머니의 시선으로 아들을 보고 닦달을 하고 있었다는 것을 깨달은 것이다.

부정적인 감정이 대를 이어간다는 것은 생각해보면 당연한 일이다. 부정적인 감정을 가진 부모에게서 자랐으니 나에게 부정적인 감정이 쌓이고, 내 자식에게 부정적인 감정을 퍼붓는 것이다. 이제 반대로 생각해보자. 내 부모에게 불안 등 부정적인 감정이 많고, 그것을 나에게 퍼붓는다면 나는 그 감정을 물려받아 후대에 전해주어야 할까? 이것은 운명처럼 벗어날 수 없는 일일까? 내가 하고 싶은 대답은 아니라는 것이다. 힘들겠지만 대대로 이어오는 부정적인 감정의 대물림을 내 앞에서 멈추고 벗어날 수 있다고 말하는 것이다.

사회가 불안하면 개인의 불안도 커진다

해마다 유엔이나 경제협력개발기구OECD 등에서는 국가별 행복지수를 조사해서 발표한다. 그 결과를 보면 한국은 대체로 하위에 랭크가 된다. 유엔이 발표한 '2013년 세계행복보고서'에 따르면 1위는 덴마크(7.7693점) 그 뒤로는 노르웨이, 스위스, 네덜란드, 스웨덴 순으로 대부분 북유럽 국가들이 상위권에 올랐다. 한국의 행복지수는 10점 만점에 6.267점을 받아 41위를 기록했다. 자살률에 있어서도 한국은 성적이 좋지 않다. 경제협력개발기구가 발표한 자료에 따르면 34개 회원국 중 한국은 자살률 1위에 랭크됐다. 그것도 10년 동안 꾸준히 유지하는 성적표다. 개인적인 사정은 다 다르지만, 세대별로 보면 10대에는 학업과 이성, 20~30대에는 취업과 결혼, 40~50대에는 퇴직과 은퇴, 60대 이상은 질병과 자녀와의 문제, 노후 빈곤에 대한 불안감이 주된 이유다.

불안이 오로지 개인적인 문제라면 국가별 행복지수에 큰 차이가 나지 않을 것이다. 그러나 사회가 안정적이냐 그렇지 않느냐에 따라 사람들의 불안지수는 크게 달라진다. 전쟁과 분쟁이 끊이지 않는 지역에 사는 사람들과 작은 범죄도 별로 일어나지 않는 지역에 사는 사람들의 불안 정도가 같을 리는 없다. 학생들을 성적으로만 평가하지 않는 나라에서는 시험을 앞둔 학생들의 시험 불안이 전체적으로 높지는 않다. 취업률이 높거나 실업 대책이 탄탄한 국가에서는 그렇지 않은 국가보다 취업 불안이 높게 나타나지 않는다. 마찬가지로 노후에 대한 복지 제도가 잘 정비된 국가에서는 노후 불안이 높지 않다. 때문에 사회가 안정적이냐 아니냐는 개인의 불안에 많은 영향을 미친다.

예를 들어 여기 두 개의 문이 있다고 치자. 오른쪽 문은 넓고 편한 길로 연결돼 있고, 왼쪽 문은 좁고 울퉁불퉁한 길로 연결돼 있다면 사람들은 되도록 오른쪽 문으로 들어가고 싶어 할 것이다. 이때 오른쪽 문이 점점 좁아지면 경쟁이 더욱 치열해질 것이다. 나는 과연 오른쪽 문으로 들어갈 수 있을까 하는 불안이 생긴다. 친구는 오른쪽으로 들어갔는데 나는 왼쪽으로 들어갔다면 박탈감과 함께 수치심도 생긴다. "오른쪽 문으로 들어갈 수 없을까 봐 불안해요."라고 말하는 사람들에게 우리 대부분은 "그러니까 더 노력을 해. 경쟁에서 이기면 되지. 나약한 소리를 하면 안 돼."라고 말한다. 그런데 모든 사회 구성원이 이런 상황에 처해 있다면 개인의 불안을 오로지 개인의 책임으로만 돌릴 수는 없다. 엄마들은 아이에게 안전하고 건강한 먹을거리를 먹이고 싶어 하는데 불량한 식재료가 유기농 식재료로 둔갑하여 유통되는 사회라면 엄마들의 불안감은 커진다. 물론 같은 사회에 살아도 처해 있는 상황과 개인의 성격에 따라 불안의 정도가 다르기는 하다. 그러나 분명한 것은 우리 모두가 대단히 경쟁적이고 치열한 사회에서 살고 있다는 점이다.

그러면 어떻게 해야 하는 것일까? 이것은 매우 어려운 문제이며 철학가, 사회학자, 정치가들도 각기 다른 해결책을 제시한다. 사람들은 경쟁에 뛰어들기도 하고, 포기하기도 하고, 경쟁하지 않기로 결정하기도 한다. 중요한 것은 어떻게 살 것인가를 결정하는 것과 함께 사회의 불안지수를 낮추는 데 관심을 갖는 것이다. 사회 불안지수가 높아 많은 사람이 불안에 떨고 있다면 나 홀로 독야청청하며 마음껏 행복할 수 없다. 어느 사회에 사는 사람들이 행복지수가 높은지, 그 사회는 어떻게 불안 요소를 낮춘 것인지 관심을 가져볼 필요가 있다. 그것이 궁극적으로 나의 불안을 낮추고 내가 행복해지는 길이기도 하다.

불안을 마주보기

이쯤 되면 막연히 느낄지도 모르겠지만, 사람이 살아가는 것은 불안과의 끊임없는 싸움이기도 하다. 고등학교만 가면, 대학교만 가면, 취직만 하면, 결혼만 하면, 승진만 하면, 이 적금만 다 부으면, 아이가 다 자라서 독립만 하면……. 언젠가는 힘든 일이 완전히 끝나고 행복이 뿅 하고 시작되지 않을까 기대하지만 삶이 이어진다는 것은 이런 걱정에서 저런 걱정으로, 이런 불안에서 저런 불안으로 옮겨가는 것일 수도 있다. 직장인들의 생활을 다룬 웹툰 〈미생〉을 보면 영업3팀의 김 대리가 이런 말을 한다. "나도 대학 졸업하고 취직하기 정말 힘들었거든. 그러다 대기업에 취직을 해서 기뻤는데, 그게 문을 하나 열고 들어온 것이더라고. 우린 어쩌면 끊임없이 문을 열고 들어가는 게 아닌가 싶어." 김 대리의 말처럼 대부분 우리의 삶은 '불안 끝, 행복 시작!' 이렇게 이어지지는 않는다. 스위스 태생의 작가 알랭 드 보통은 그의 저서 『불안』에서 "우리의 삶은 불안을 떨쳐내고, 새로운 불안을 맞아들이고, 또다시 그것을 떨쳐내는 과정의 연속인지도 모른다."고 말한다.

어떻게 이런 거대하고 긴긴 불안의 바다를 헤쳐 나가야 하나 한숨이 나올 것만 같다. 그렇다고 불안의 파도에 휩쓸려서 이리 흐르고 저리 흐르며 살 수는 없다. 자신의 현재와 사회적 현실, 그리고 내 안의 불안이라는 감정의 실체를 모르고 사는 것과, 나의 현실과 사회적인 현실을 알고 왜 불안한지, 어떻게 불안을 떨칠 것인지 알고 사는 것은 완전히 다르다. 전자는 눈을 가린 채 어디로 가는지 모르고 끌려가는 것과 같고, 후자는 내가 주변을 잘 살피면서 어딘가를 향해 걸어가는 것이다.

불안을 해소하거나 극복하지 못할 경우 불안을 회피하기 위해 뭔가에 몰두하게 되는데, 이것이 '중독'을 불러오기도 한다. 한 유명한 출판사의 편집장은 일간신문을 통해 자신이 SNS 중독임을 고백한 적이 있다. 일이 잘 안 풀리거나 스트레스가 쌓이면 그 일에 집중하여 해결하려고 하기보다 얼른 SNS에 접속해 누군가와 가열하게 채팅을 하는 것이다. 그렇게 한두 시간 동안 이 얘기 저 얘기 정신없이 나누다보면 어느새 불안이 가라앉고 기분도 좋아진다. 그러나 현실로 돌아오는 순간, 사라진 줄 알았던 불안이 다시 몰려온다. 해결해야 할 문제는 그대로 있고, 해결할 수 있는 시간은 헛되게 흘러갔다. 그러니 불안은 더 커질 수밖에.

어떤 사람들은 인간관계에 문제가 생기거나 연애사가 잘 안 풀리거나 진행하는 일의 결과가 불안할 때 각종 점술에 매달린다. 역술, 점성술, 신점, 타로점, 용하다는 점집은 다 찾아다닌다. 왜 점을 보는 것일까? 점을 보면 문제가 해결될까? 그들이 바라는 것은 대부분 "괜찮다", "무사히 지나갈 거다"와 같이 불안을 잠재워줄 위로이다. "어떻게 하면 좋다"는 등 상황을 통제하는 방법과 "결국에는 잘 되겠다", "시험에 딱 붙는다"처럼 결과를 예견할 수 있는 답변이다. 그리고 그중 몇몇은 자신의 불안을 끝내줄 말을 들을 때까지 여러 곳을 전전한다. 그러고는 안도의 한숨을 쉬고 잘될 것이라고 믿으며 지나간다. 그런데 다음에 또 무슨 일이 생기면 다시 불안감에 휩싸여 점집 순례에 나선다.

어느 나무꾼이 무릉도원에 가서 재미나게 놀다 집에 돌아왔더니 집은 폐허가 되고 자신은 머리가 하얗게 센 노인네가 되어 있더라는 이야기가 있다. 불안이라는 감정을 직면하지 않고 이리저리 회피하는 것은 그렇듯 허송세월을 하는 것이다.

물론 인터넷, 게임, SNS 등을 하거나 점집을 전전한다고 해도 그것이 심리적 안정을 가져다주고, 필요에 따라 멈출 수 있다면

내 안의 불안이라는 감정의 실체를 모르고 사는 것과
나의 현실과 사회적인 현실을 알고
왜 불안한지, 어떻게 불안을 떨칠 것인지
알고 사는 것은 완전히 다르다.
전자는 눈을 가린 채
어디로 가는지 모르고 끌려가는 것과 같고,
후자는 내가 주변을 잘 살피면서
어딘가를 향해 걸어가는 것이다.

중독이 아니다. 그러나 처음보다 몰두해 있는 시간이 늘어나고, 중단했을 때 심리적으로 불안하거나 우울해져 멈출 수 없을 때, 이를 중독이라 한다.

청소년의 경우 현재 가장 심각한 것은 스마트폰 중독이다. 통계청·여성가족부가 작성한 '2016년 청소년 통계'에 따르면 10대는 10명 중 3명, 20대는 10명 중 2명이 스마트폰 중독이며, 스마트폰 중독률은 인터넷 중독률보다 큰 폭으로 상승하는 추세이다. 물론 현재 세대를 디지털 세대로 봐야 하며, 스마트폰을 오래 사용한다고 무조건 중독이라고 볼 수 없다는 전문가들도 있다. 어디까지를 스마트폰 중독으로 볼 것이냐에 대해서는 의견이 분분하지만, 분명한 것은 스마트폰의 과다한 사용으로 인해 학교에서 많은 문제가 일어나고 있다는 점이다.

밤새 스마트폰을 쥐고 있던 아이들은 아침에 일어나지 못해 지각을 하기 일쑤다. 등교하는 걸음걸이에도 무기력이 묻어 있고, 수업시간에는 거의 혼수상태로 잔다. 그러다 쉬는 시간이나 점심시간 등 틈만 나면 스마트폰을 한다. 스마트폰을 쥐고 있는 시간 외에는 학교생활 그 어떤 것에도 흥미를 느끼

불안 - 얻지 못할까 봐, 혹은 잃을까 봐

지 못하는 것이다. 그래서 많은 학교에서는 수업을 시작하기 전에 스마트폰을 걷었다가 하교하기 전에 돌려주는데, 이 때문에 웃지 못할 일이 발생하곤 한다. 아침마다 스마트폰을 내지 않으려고 가져오지 않았다거나 잃어버렸다고 거짓말을 하기도 하고, 스마트폰을 내야 한다는 사실에 화가 나서 욕설을 하거나 폭력적인 행동을 하기도 한다. 경기도의 한 중학교에서는 스마트폰을 걷는 것이 사유재산 침해 등 위법성이 있다며 학교를 고발하겠다고 협박한 학생이 있는가 하면, 아예 제출용으로 사용하기 위해 중고 스마트폰을 하나 더 구입한 학생도 있었다. 학교 선생님들은 스마트폰을 제출하는 데 갈등을 겪는 학생들이 대체로 학습 부진, 등교 거부, 은둔형 생활, 충동 조절 장애, 수면 장애, 식사 조절 장애를 함께 겪는 경우가 많다고 말한다.

스마트폰이 등장하기 전에도 미디어 중독에 대한 문제는 있었다. 1990년대 초반에는 TV 중독이, 1990년대 말에는 인터넷 중독이 화두였는데, 스마트폰은 TV와 인터넷 미디어를 합쳐놓은 것보다 그 영향력이 더 크다. 늘 몸에 지닐 수 있어 언제 어디서든 마음만 먹으면 꺼내 볼 수 있을 뿐만 아니라 검색, 게임, 카톡, 웹툰까지 손 안에서 해결되는 기능이 참 많다.

미래창조과학부가 2013년 6월에 발표한 '인터넷 중독 실태 조사' 결과에 보면 10~19세 청소년 5명 중 1명(18.4%)은 스마트폰 중독이며, 이들은 하루 평균 23번, 약 7.3시간 동안 스마트폰을 사용한다. 전체 이용자의 스마트폰 이용 시간은 하루 평균 4.3시간이었지만 중독 위험군은 5.3시간이었으며, 이용 목적은 모바일 메신저(40.3%), 뉴스 검색(37.2%), 온라인 게임(21.7%) 순이었다.

2012년도에 경향신문사에서 연재한 〈스마트폰에 중독된 아이들〉에서도 청소년이 스마트폰에서 가장 많이 사용하는 기능은 대화 기능으로 조사되었다. 아침에 눈을 뜨면 제일 먼저 대화방을 확인하고, 학교에 가는 그 짧은 시간에도 친구들과 대화방에서 대화를 하며 간다. 친구들끼리 모여 있어도 말을 하기보다는 스마트폰을 통해 대화를 나눈다. 일주일 동안 스마트폰을 사용하지 않는 실험에서 학생들이 가장 답답해한 것은 친구들과 대화를 못 한다는 점이었다. 누군가 나에게 연락을 하지는 않았을지, 내가 없는 상태에서 무슨 말을 하는지, 혹시 내 뒷말을 하지는 않는지 불안해했다. 한 친구는 누군가에게 할 말이 생각났을 때 바로 대화방에 불러 말해야 하는데 그걸 못 해서 불편하고 답답하다고 했다.

그런데 참 아이러니한 일이다. 끊임없이 대화를 하고 싶어 손에서 스마트폰을 놓지 못하지만 막상 사람들 간의 직접 대화를 시도하지는 않는다. 부모와 자녀가 한데 모여 있어도 대화를 하기보다는 각자 스마트폰에 열중하고, 친구들이 모여 앉아서도 스마트폰을 들여다보며 대화방에서 대화를 한다. 스마트폰을 통한 대화가 많아지면 많아질수록 실제 대화는 단절된다. 스마트폰에 대한 의존도가 높을수록 실제 인간관계에 부정적인 영향이 높아진다.

스마트폰 중독 현상이란 '스마트폰을 점점 더 많은 시간 동안 사용하게 되어 나중에는 많이 사용해도 만족감이 없는 상태'를 말한다. 말을 바꾸면, 스마트폰 중독은 자꾸 확인하는 습관이라는 것이다. 지난 2011년 모바일·컴퓨터 전문지인 〈퍼스널 앤 유비쿼터스 컴퓨팅〉에 실린 보고서에서 지적한 것처럼, 새 이메일이 도착한 것을 확인했을 때 두뇌에서 자신을 중요한 사람으로 여기는 긍정적인 반응이 나타난다고 한다. 끊임없이 스마트폰을 확인하는 것은 내가 중요한 사람인지 아닌지를 확인하고 싶어서가 아닐까? 누군가 나를 찾지 않는지, 내가 보낸 메시지를 확인했는지, 왜 답장이 안 오는지, 무슨 대화들을 하는지…… 대중 속에서 소외되기 싫고, 자신이 중요한 사람임을 확인하고 싶어서 스마트폰을 손에서 놓지 못하는 게 아닐까?

자신이 스마트폰 중독 혹은 스마트폰 확인 중독이 아니라고 말하고 싶다면 다음을 실천할 수 있는지 생각해보자.

◆ 아침에 일어나자마자 스마트폰을 체크하지 않을 수 있다.
◆ 스마트폰이 울려도 바로 응답하지 않을 수 있다.
◆ 스마트폰을 사용하지 않는 시간과 장소를 만들 수 있다.

◆ 특정 시간대에는 스마트폰을 사용하지 않고 꺼둘 수 있다.

◆ 가족과 식사 중에는 스마트폰을 사용하지 않을 수 있다.

◆ 수업이나 친구 모임 중에는 스마트폰을 보지 않을 수 있다.*

만약 이러한 상황을 생각만 해도 불안하다면 중독이 아니라고 말할 수 없다. 중독 증상은 우울하거나 불안한 성향이 있는 청소년에게서 더 많이 나타난다. 재미있고 필요하기 때문에 하는 것 이외에 뭔가 결핍된 마음을 채우기 위해, 불안한 감정에서 일시적으로 벗어나기 위해 스마트폰에 몰두하는 경우가 많다고 한다.

자신의 중독 증상을 알아차리고 문제가 있다고 생각하면 멈추는 용기를 내야 한다. SNS 중독임을 고백했던 출판사 편집장은 일주일간 명상센터에 들어가서 스마트폰 없이 일주일을 살았다고 한다. 처음에는 어디선가 SNS 알림 소리가 들리는 것 같고 부르릉 부르릉 진동이 느껴지는 것 같아 몸이 배배 꼬이고 불안했는데, 3일, 4일 지나니 괜찮아졌다. 불안감이 사라진 것은 아니지만 그 불안을 회피하지 않고 정면으로 맞서서 해결할 시간이 생긴 것이다. 그는 SNS와의 결별을 선언하며 다음과 같이 말했다. "내면의 허기를 채울 수 있는 힘이란 결국 내 삶에 대한 집중과 믿음에

---

* 저널 〈퍼스널 앤 유비쿼터스 컴퓨팅〉(2011), '현명하게 스마트폰 사용하기'를 변형함.

불안-얻지 못할까 봐, 혹은 잃을까 봐

서 비롯된다."

불안을 다스리거나 극복하는 방법은 어린아이나 청소년이나 성인이나 다 마찬가지다. 불안을 극복하는 주체가 '나'라는 것을 알아채고, 이 감정을 해결할 수 있는 힘이 나에게 있다는 것을 믿는 것이다. 어떤 일을 노력한 만큼 성공적으로 수행할 수 있으며, 만에 하나 예상하지 못한 결과를 얻더라도 그 상처와 위기를 극복할 힘이 있다는 것을 믿는 것이다. 자신에 대해 도저히 그런 믿음이 생기지 않는다면, 연습이 좀 필요하다.

불안, 잘 쓰면 약이 된다

최근에는 불안을 얼마나 많이 느끼는가보다는 어떻게 해석하느냐에 주목해야 한다는 주장이 일고 있다. 아무리 작은 불안도 나쁜 방향으로 해석하면 그것이 점점 자라 나를 잡아먹는 괴물이 된다.

시험 기간이 다가오는데 감기에 걸려서 몸은 아프고 도통 공부가 되지 않는다. 평소에는 감기에 잘 걸리지 않는데 시험 때만 되면 감기에 걸리다니 운이 나쁘다. 시험 성적이 안 나오면 목표한 학교에 갈 수가 없는데, 그러면 취직을 못 할 것이고 평생 아르바이트를 하거나 백수가 되는 건 아닐까. 정말 노숙자가 되면 어쩌지. 살짝 감기에 걸린 것뿐인데 장차 미래까지 불안해진다.

불안 – 얻지 못할까 봐, 혹은 잃을까 봐

직장을 다니는 성인 중에도 그런 사람이 많다. 아침 출근길에 부장님이 인사를 안 받았다. 왜일까. 어제 부장님이 소집한 회식 자리에 못 갔더니 화가 났나. 부장님은 원래 나를 좋아하지 않잖아. 이래저래 찍혀서 인사 평가 때 안 좋은 점수가 나오겠는걸. 이번에도 승진을 못 하면 회사를 그만둬야 하나. 요즘 자영업자들도 어렵다는데 회사를 그만두면 뭘 해먹고 살지. 정말 앞이 안 보인다. 누에고치가 집을 짓고 그 안에 들어앉듯이 사소한 걱정거리에서 시작된 불안을 키우고 키워서 불안의 집을 짓고 들어앉는다. 불안에 잡아먹히는 것이다.

어떤 상황에서든 불안한 마음이 생길 수 있다. 그러나 이것을 긍정적으로 해석하면 오히려 좋은 결과를 가져올 수도 있다. 스포츠 선수들의 멘탈 코치로 활동하는 한 스포츠심리학자는 수많은 선수들과 상담한 결과 수준이 높은 집단, 실력이 뛰어난 집단일수록 불안을 긍정적으로 해석한다는 사실을 알았다. 기량이 뛰어난 선수일수록 불안을 수행의 방해 요소로 생각하기보다는 잘만 해석하면 승리에 도움을 주는 긍정 에너지로 본다는 것이다.

불안을 긍정 에너지로 활용하기 위해서는 자신에 대해 좀 알아야 한다. 스포츠심리학에서 이야기하는 불안 극복 방법을 소개해보면 다음과 같다.

◆ 자신이 언제 불안해지는지 알고 있어야 한다.

◆ 불안할 때 어떤 인지적인 증상, 신체적인 증상이 나타나는지 알아야 한다.

◆ 실력은 좋아도 불안을 극복하지 못한 결과로 실패할 수 있음을 안다.

◆ 실수할 것 같다, 안 될 것 같다와 같은 부정적 자기 암시를 멈춘다.

◆ 성공의 경험을 떠올린다.

◆ 나는 최선을 다할 뿐 결과를 통제할 수 없다는 것을 안다.

내 불안을 다스릴 수 있다면 결과는 보다 나아진다. 불안에 휘둘리느라 쓰는 에너지를 일을 하거나 공부하는 데 쓸 수 있기 때문이다.

사회학습이론으로 유명한 캐나다 심리학자 앨버트 반두라Albert Bandura에 의하면 자기효능감Self-efficacy이 높은 학생은 시험 불안이 높지 않다고 한다. 자기효능감은 어떤 상황에서 적절한 행동을 할 수 있으며 성공적으로 수행할 수 있다는 스스로에 대한 믿음을 말한다. 그러니까 자기 자신을 믿고 긍정적으로 생각하는 학생이 시험 불안이 낮다는 것이다. 반면 자신의 수행 능력을 믿지 않고 자신에 대해 부정적일수록 시험 불안은 높아진다.

어떤 것이 자신의 수행 능력을 믿는 것이고, 어떤 것이 믿지 못하는 것일까? 다음과 같은 상황에서 나는 어떤 생각을 할지 살펴보자.

- 1반과 2반이 축구 시합을 하는데 내가 골을 넣었다. 중학교에 올라와서 골을 넣은 것은 처음이다.

  ① 내 실력은 별로인데 운이 좋았다. 처음이자 마지막 골일 거다.

  ② 드디어 골이 터졌다. 계속 축구를 했더니 실력이 향상된 것 같다.

- 시험 첫날이다. 그런데 영어 시험을 치던 중 시간이 부족해 두 문제를 못 풀었다.

  ① 시험 첫날, 첫 시간부터 조짐이 좋지 않다. 아무래도 시험을 망칠 것 같다.

  ② 시간 배분에 신경을 더 써야겠다. 아는 걸 틀리지는 말자.

- 피겨스케이트 시합 날이다. 나의 라이벌이 빙상에서 연기를 펼치고 있고 나는 대기실에서 출전을 기다리고 있다. 그런데 우레와 같은 박수와 함성이 들려온다. 라이벌이 연기를 마친 모양이다.

① 라이벌이 연기를 엄청 잘했나보다. 박수 소리가 짜증난다. 하필이면 내 순서가 쟤 다음일 게 뭐람.

② 나는 라이벌과 싸우러 오지 않았다. 연습은 충분했고, 나의 연기를 즐길 것이다.

위 두 가지 질문에서 ①번을 선택했다면 당신은 자신의 수행 능력에 대해 부정적으로 생각하는 사람이다. ②번이 긍정적으로 생각하는 편이다. 연습이 필요한 일이다.

앨버트 반두라는 자기효능감을 높일 수 있는 방법으로 자신이 어렵다고 생각하는 문제 중에서 한 가지를 택해 극복하는 방법을 권한다. 도저히 해낼 수 없다고 생각하던 것 한 가지를 해내고 나면 다른 영역에 대해서도 자신감이 생기고, 그렇게 자기효능감이 높아진다. 한국의 한 실존주의 심리학자는 유학 시절이 너무 힘들었는데, 그때 자신을 지탱해줄 약속이 필요해서 새벽마다 108배를 했다고 한다. 마음을 다지는 의미로 7년 동안 하루도 빠지지 않고 108배를 했다는 것은 정말 대단한 일이다. 지금도 스스로에 대해 자부심을 갖고 있고, 어려운 순간에도 결국은 잘 해낼 것이라는 긍정적인 힘이 느껴진다고 한다.

혹시 지금 극복하기 힘든 문제가 있다면 무엇인가? 그중 외부의 힘을 빌리지 않고 스스로 도전해서 실천할 수 있는 문제는 무엇인가? 부모님과 선생님 몰래 담배를 피우고 있다면 금연에 도전해보는 것은 어떤가? 매일 게임을 하고 있다면 이틀에 한 번으로 줄여보는 것은 어떤가? 나쁜 습관 한 가지를 고치겠다거나 매일 무엇인가 실천하겠다는 약속을 하고 꾸준히 지켜서 결국 해내게 되면 자기효능감이 높아진다. 한 분야에서 자라기 시작한 자기효능감은 점차 여러 분야로 확대된다. 그러다 보면 시험 불안에서도 서서히 벗어날 수 있을 것이다. 단, 너무 높은 목표보다는 성공할 수 있는 수준의 낮은 단계의 약속부터 시작하는 것이 좋다.

사실과 판단

사실과 판단을 구분해서 생각하는 연습이 필요하다. 우리가 어떤 행동을 할 때에는 [사건→생각/판단→감정→행동]이 일어나게 된다.

◆ 복장 단속을 하는데 체육 선생님은 4명의 친구 중에서 나만 지적을 했다. (사실)

◆ 선생님은 나를 미워하는 게 분명하다. (판단)

◆ 혹시 나를 더 안 좋게 대할까 봐 불안하다. (감정)

◆ 마주치면 어색할 것 같아 체육 선생님이 보이면 길을 돌아가게 된다. (행동)

이중 확실한 사실은 복장 단속을 하는데 선생님이 4명의 친구

중에서 '나만 지적을 했다'는 것뿐이다. '선생님이 나를 미워한다'는 나의 생각/판단이지, 정확한 것이 아니다. 미워해서 나만 지적을 한 것인지, 다른 친구들의 복장은 완벽했는지, 혹은 다른 친구들도 지적할 부분이 있었지만 선생님이 미처 발견하지 못한 것인지 알 수 없다. 그런데 정확하지 않은 판단을 근거로 불안한 감정이 발생한다. 나중에 사실을 알고 나면 그 감정은 사라질 것이다. 그러니 부정적인 감정이 생길 때 살펴보자. 나는 지금 사실을 근거로 삼고 있는가, 아니면 내 판단을 근거로 상상의 나래를 펴며 불안의 우물로 빠져들고 있는가. 그리고 사실의 선에서 감정을 추스르는 연습을 하자.

선택과 책임

- ◆ "누군가 결정을 해줬으면 좋겠어. 그러면 그렇게 할 텐데."라고 말해본 적이 있다. 없다.
- ◆ "나 이거 하는 게 맞겠어?"라고 물어본 적이 있다. 없다.
- ◆ 나중에 일이 잘못되어 "네 말대로 했다가 망했잖아."라고 탓한 적이 있다. 없다.
- ◆ 혹은 이런 질문에 성심껏 의논 상대가 되어주었다가 나중에 타박을 받은 경험은?

무엇인가를 선택하고 결정한다는 것은 그 결과에 대한 책임도 지겠다는 것이다. 그런데 결과를 알 수 없고, 그 결과에 따르는 책임이 두렵기 때문에 선택을 망설이거나 남에게 결정을 미룬다. 선택의 자유 앞에서 인간은 불안해진다.

불안 – 얻지 못할까 봐, 혹은 잃을까 봐

우리는 하루에도 몇 번씩 선택의 순간을 만난다. 아침에 나갈 때 무슨 옷을 입을까, 음식점에서 어떤 메뉴를 고를까, 친구를 만날까 말까, 시험 공부를 국어부터 할까, 수학부터 할까. 모두 다 선택이다. 내가 선택을 한다는 것은 현재 나의 상황이 어떤지, 주변 상황은 어떤지, 나에게 중요한 것은 무엇인지, 무엇을 하고 싶은지, 그리고 이 선택의 결과는 무엇인지 생각할 줄 안다는 것이다. 그리고 어떤 결과가 오든 그에 대한 책임을 진다는 것이다.

나이가 들고 성장하면서 선택해야 할 일도 많아지고 그 중요성도 커진다. 콜라를 마실까 말까와는 다른 문제가 다가온다. 대학 진학을 할 것인가, 무엇을 전공할 것인가, 취업을 할 것인가, 어떤 직장을 선택할 것인가, 연인과 헤어질 것인가, 결혼을 할 것인가, 사회적인 문제에 참여를 할 것인가, 이번 선거에서는 누구를 찍을 것인가.

그런데 선택할 수 있는 능력은 어느 날 갑자기 생기는 것이 아니다. 어려서부터 스스로 선택하고 선택의 결과가 무엇인지 보고, 그 결과를 수용하는 훈련이 되어야 한다. 그래야 점차 큰 결정을 해나갈 수 있다.

물론 요즘 청소년을 상대로 이렇게 말하는 것에 대해 미안한 점이 없지 않다. 많은 아이들이 자신은 부모님이 짜놓은 길, 부모님이 정해놓은 시간 속에서 로봇처럼 움직인다고 말한다. 한마디로 헬리콥터 맘의 지휘 아래 아이들에게는 선택권이 없는 경우가 많다. 중학교 교사들의 전언에 의하면 많은 학생들에게 동아리 활동을 선택하라고 하면 부모님께 물어봐야 된다고 한단다. "부모님 생각 말고 네 생각은 어때?"라고 물어보면 모르겠다는 것이다. 자기 생각은 없고, 부모님이 선택하고 결정하면 따르기만 한다. 그래서는 선택할 수 있는 능력이 줄어든다. 작은 것을 선택하고 결정하고 책임지도록 하는 경험들이 쌓여야 큰 선택을 할 능력이 자란다. 시키면 시키는 대로 잘하면서 살다가 어느 날 갑자기 "너는 어른이 되었으니 알아서 선택하라"고 하면 당황스럽고, 그 결과를 책임져야 한다는 사실이 너무나 부담스럽다. 어려서부터 선택의 능력을 키워주지 않으면 뭔가 책임을 져야 할 시기에 거대한 불안의 늪에 빠질 수 있다. 아이들에게 물고기를 주지 말고 그물 짜는 법을 알려주라는 것은 선택의 문제에서도 적용된다.

헬리콥터 맘 헬리콥터처럼 자녀의 주변을 맴돌며 자녀의 일, 특히 교육과 관련된 일에 지나치게 간섭하고, 과잉보호하는 부모를 가리키는 말.

불안-얻지 못할까 봐, 혹은 잃을까 봐

긍정적 해석

어떤 일을 해서 좋은 결과를 얻었다면 내가 잘한 것이 있다는 얘기다. 내가 잘한 것을 부정하거나 좋은 평가를 사양할 필요는 없다. '내가 이런 부분을 잘했구나. 계속 잘할 수 있겠구나.' 생각하는 것이다. 이것은 잘되면 내 덕, 잘못되면 네 탓을 하는 곤란한 처신과는 다른 얘기다. 어떤 일을 해서 좋지 못한 결과를 얻었다면 내가 잘못하거나 부족한 면이 있었다는 것이다. '이번에 이 준비가 부족했구나. 다음에는 준비를 충분히 해야겠다.' 생각하는 것이다. 이것은 '난 왜 이 모양일까' 하는 자책이나 자학과는 다른 얘기다. '실수를 하면 어떡하지? 지난번에도 실수했는데'라는 불안감이 들면 '실수를 한 건 지난번뿐이다. 전체적으로 보면 성공의 경험이 더 많다'라고 바꿔서 긍정적으로 해석하는 것이다. 불안을 긍정적으로 해석하면 불필요한 감정에서 벗어나 집중해야 할 것에 집중하게 된다.

  긍정적인 결과는 내 재산으로 갖고, 부정적인 결과는 개선할 수 있는 요소로 삼는 것이다. 결과에 대해 긍정적으로 해석하는 연습을 하다 보면 과제 수행을 앞두고 불안의 늪에 빠지는 일에서 벗어날 수 있을 것이다.

채 워 지 지 않 은 욕 망 의 자 리

두 번째 감정

시기심

부러우면 지는 거다

가끔 인터넷 포털사이트에서 연예인의 연애 기사를 볼 때가 있는데 이런 댓글이 눈에 띄었다. '부러우면 지는 거다.' 그 밑에 댓글이 달린다. '솔직히 안 부러움.' 그 밑에 다시 댓글이 달린다. '넌 이미 졌다.'

누군가의 성공을 알리는 기사나 연애 기사, 여행 사진, 집안 인테리어 사진, 게임 스코어 캡쳐 화면 등에 '부러우면 지는 거다.'라는 댓글이 있다. 어찌 보면 멀리 있는 사람이라서, 나와 직접적인 비교 대상이 아니어서, 혹은 진심으로 부러운 일이 아니라서 쉽게 말할 수 있는지도 모른다. 생각해 보면 내가 부러움을 느끼는 대상은 먼 곳에 있는 사람이 아니라 가까이에 있는 사람들이

시기심 – 채워지지 않은 욕망의 자리

다. 세계적인 부호나 유명한 배우보다는 내 옆에 있는 친척이, 친구가, 동료가, 이웃이 진짜 부러움의 대상이 된다.

인간의 이기심이 경제에 순기능을 한다는 논리를 펴서 당시 큰 논란을 일으켰던 영국의 자유주의 사상가 버나드 맨더빌Bernard Mandeville. 그의 말에 의하면 "만일 걸어가는 사람이 6두 마차를 타고 가는 사람을 부러워하는 경우, 4두 마차를 탄 사람이 느끼는 시기심보다 그 강도가 약하다."고 한다. 말을 바꾸면, 차가 없는 뚜벅이족이 대형차를 부러워하는 것보다 중형차를 타는 사람이 대형차를 부러워할 가능성이 더욱 크다는 의미다. 글을 쓰는 사람은 글을 잘 쓰는 사람이 부럽지, 그림을 잘 그리는 사람이 크게 부럽지는 않다. 그러니까 시기심은 사회적으로 동일한 부류 사이에서, 그리고 비교 가능한 대상 사이에서 주로 일어나는 감정이다.

시기심의 정의는 '자신이 갖고 싶은 것을 다른 사람이 가진 것에 대한 불만스러운 감정. 자기 자신의 결핍에 대한 억울함과 수치감, 갖지 못한 것에 대한 갈망'*이다. 다시 말하면, 뭔가를 갖고 싶은데 그것이 나에게는 없고 남에게는 있을 때 그것을 갖지 못한 내가 부끄럽고, 가진 남이 밉거나 싫을 때 나타나는 감정, 이것이 시기심이다.

* 미국정신분석학회 『정신분석용어사전』 한국심리치료연구소, 2002

시기심과 비슷한 감정을 뜻하는 단어로 '질투'가 있는데, 두 단어의 의미는 약간 다르다. 질투는 '내가 관심을 가진 대상이 나보다 나의 라이벌에게 높은 애정을 보일 경우에 느끼는 감정'이다. 내가 A에게 호감이 있는데 A가 나보다 B에게 더 관심 있을 때, 나에게 더 큰 호감을 보이지 않는 A에게도, A의 관심을 받는 B에게도 화가 나고 패배감이 느껴지며 자존심이 상한다. 이 감정이 질투이다. 주로 삼각관계에서 나타나는 감정이며, 여기에는 명백한 이유가 있다. 이에 비해 '시기심'은 자신의 결핍과 연결이 돼 있다. 상대방이 가진 것이 내게는 결핍되어 있다고 느끼는 것이라 가까운 사람은 물론 상관없는 사람이나 불특정 다수에 대해서도 느낄 수 있다.

　분노나 슬픔 등 다른 감정과 비교해볼 때, 시기심은 겉으로 드러내서 말하기가 더 힘들다. "난 화가 났어", "나는 좀 슬퍼." 이렇게 말하는 것은 괜찮은데, "나는 ○○에게 시기심을 느껴." 이렇게 내놓고 말하기는 좀 거북하다. 어쩐지 남의 것을 훔쳐보는 것 같고 탐내는 것 같고, 부족하거나 나쁜 사람이 되는 것 같기도 하다. 그래서 숨기고 감추고 안 그런 척하고 싶은 감정이다.

　그러나 애써 감추려고 할 필요는 없어 보인다. 영국의 사상가 버나드 맨더빌이 남긴 『꿀벌의 우화』의 한 대목은 위로가 된다. "나는 한 번도 남을 시기하지 않을 만큼 정신적으로 성숙한 사람

　시기심 - 채워지지 않은 욕망의 자리

이 있다고 믿지 않는다. 그럼에도 불구하고 나는 지금까지 자신도 그런 적이 있다고 솔직하게 시인하는 사람은 한 명도 만나지 못했다. 이런 성향이 있다고 인정하는 것을 수치스러워하는 이유는 온갖 형태의 자기애를 감추려는 태생적 위선 때문이다."

사랑만큼 흔하고 치명적인 감정이어서 그런지 시기심은 많은 문학 작품과 창작물에서 다뤄지고 있다. 창세기에 기록된 인류 최초의 살인 사건인 카인과 아벨의 사건은 시기심에서 비롯되었다. 역사물에서 보면 만백성의 사랑을 받는 시대적 영웅이 있고 이를 시기하는 군주가 있다. 음악가 모차르트와 살리에리의 관계에서처럼 천재적 재능에 대해 시기심을 갖는 사람은 너무나 많다.

이탈리아의 시인 단테Alighieri Dante의 서사시 『신곡』 3부작 중 「지옥」편에 보면 시기하다가 심판받아 지옥에 온 자들에게는 눈꺼풀을 모두 꿰매어 보지 못하게 하는 형벌이 추가된다고 적혀 있다. 시기심에 이토록 심한 형벌이 추가되는 이유는 그것이 죄를 지을 수 있는 감정이기 때문이다. 시기심은 곧 미움으로 이어지고, 미움이 깊어지면 상대에게 해를 입히는 행동도 하게 된다.

실제로 매일 쏟아지는 사건 사고 중에는 시기심에서 비롯된 것들이 많다. 몇 년 전 크리스마스에 주택가를 지나던 한 남자가 우발적으로 살인을 저지른 사건이 있었다. 전과자로 출소한 지 얼마 되지 않아 갈 곳도 없고 살 길은 막막했는데, 한 주택에서 가족들의 웃음소리가 들려왔다는 것이다. 나는 이렇게 힘든데 나만 빼고 모두 행복하다는 생각이 들자 순간적으로 무시무시한 감정이 치밀어 올라 자기도 모르게 그런 범죄를 저질렀다는 것이다. 그 순간 이 남자를 지배했던 감정은 아마도 강렬한 시기심이 아니었을까 생각해본다.

'나는 단 한 번도 그 누군가를 시기해본 적이 없다'고 말할 수 있는 사람이 있을까? 시기심은 인간 누구에게나 있는 감정이라 부끄러워할 것도 숨겨야 할 것도 아니다. 그러나 자신 안에 시기심이 자라고 있다는 것을 알아채지 못하면 타인에게 해를 입힐 수 있다. 그러니 내게 누군가를 부러워하고 시기하는 마음이 있는지 한번 생각해보자. 우선은 내 마음을 알아채는 것이 중요하다.

시기심 – 채워지지 않은 욕망의 자리

자기를 파괴하는 시기심

몇 년 전 드라마를 보다가 '시기심의 결정체'라고 할 만한 인물을 발견했다. 저런 게 '자기를 파괴하는 시기심이구나' 싶어 인상 깊었다.

드라마 속의 아이는 지방 명문가의 딸이었다. 아이의 엄마는 아이를 낳은 뒤 폐병에 걸렸는데, 전염성이 있는지라 아이를 안아주지도 젖을 물리지도 못했다. 아이는 항상 엄마의 사랑이 그리웠지만 한편으로는 병이 옮을까 봐 겁이 났고, 엄마가 폐병 환자라는 것이 부끄러웠다. 자신은 얼굴도 예쁘고 공부도 잘하고 집도 부자인데 흠집이 하나 난 것 같아 화가 났다. 그러던 중에 사고로 부모를 잃은 아이 다섯 명이 아이의 집에서 더부살이를 하게 됐다. 그중 맏이는 식모살이를 하면서 아이의 엄마를 돌보기 시작한다. 식사 시중, 약 시중도 들고 이야기도 하면서 같이 깔깔 웃기도 한다. 폐병이 무섭지도 않은지 엄마에게 찰싹 붙어 있다. 아이는 식모가 엄마하고 같이 있는 것이 싫었다. 그 아이와 잘 지내는 엄마는 더 싫었다. 그런데 어느 날 엄마의 병이 깊어져 엄마가 응급실로 실려 갔다. 아이는 엄마와 식모가 같이 있지 않는 게 너무 좋았다. "우리 엄마는 이제 죽을지도 몰라. 그러면 넌 우리 집에 있을 필요가 없어서 쫓겨나게 될걸." 그러자 식모가 말한다. "너는 참 이상하구나. 사모님이 돌아가시면 너는 엄마를 잃게 되는데 그게 그렇게 좋니?" 아이는 어쩔 줄을 몰라 한다. 하지만 당장은 엄마를 잃는 고통보다 식모 아이를 쫓아내고 힘들게 만드는 기쁨이 더 클 것 같다. 자신이 어떤 상처를 입게 될지는 생각조차 하지 못한다.

시기심이 강하면 상대에게 오물을 묻히고 싶다는 생각에 빠져서 그 오물을 구하고자 자신은 오물통에 빠져버린다. 상대에게 흠집 좀 내고 싶어서 자신은 만신창이가 되기도 한다.

어떻게 엄마가 죽더라도 식모가 집에서 쫓겨나기를 바랄 수 있을까? 아이는 자신이 갖고 싶었던 엄마의 사랑을 식모가 차지했다고 생각했다. 그리고 자신이 갖고 싶은 모든 것을 차차 식모가 빼앗아간다는 생각에 빠진다. 처음에는 엄마의 사랑을 빼앗겼다

시기심 – 채워지지 않은 욕망의 자리

고 생각했지만, 엄마가 돌아가신 뒤에는 식모의 존재 자체가 시기심의 대상이 되었다. 그래서 그의 앞길을 막고 파괴하는 데 자신의 인생을 바친다. 자신이 진정으로 원하는 것이 무엇인지, 어떤 삶을 살고 싶은지 생각해본 일도 없이 식모 아이를 못살게 구는 데 온 힘을 다하다가 병에 걸려 죽는다. 아이는 자기가 가진 것이 얼마나 크고 소중한지는 생각하지 않고 식모가 보여주는 당당한 태도, 꿋꿋한 의지, 그로 인해 많은 사람들에게 사랑받는 것까지 모두 시샘한다. 식모 아이에게 그런 좋은 점이 있다는 것을 견딜 수 없고, 자신에게 그 좋은 점이 없어서 괴롭다.

독일 심리학자인 롤프 하우블Rolf Haubl의 『시기심』에 보면 이런 시기심을 '후벼 파는' 시기심이라 부른다. 자신에게 부족한 것을 떠올릴 때마다 몸과 마음속에 고통이 파고들기 때문이다. 시기하는 대상에게도 끊임없이 피해를 입히지만 자신에게도 큰 상처를 남긴다. 그래서 죽음에 이르는 병이라고도 한다.

드라마 속 아이의 평생이 불쌍한 것은 시기심에 사로잡혀 자신이 가진 것들의 진정한 의미와 가치를 몰라봤다는 점이다. 가진 것에 감사하고 자신의 장점을 잘 살리면서 진정 원하는 것이 무엇인지, 하고 싶은 것이 무엇인지에 집중했다면 누구보다도 행복할 수 있었을 텐데 그 반대로 살았다. 자신에게는 없고 남이 가진 것에만 집중하다 보니 자신은 항상 허전하고 가난했고 괴로웠다.

반대로 생각해보자. 그 식모는 남이 부러워하며 시기를 하니 행복했을까? 부모님은 안 계시고 동생은 네 명이나 된다. 식모살이를 하여 그 돈으로 동생들을 먹이고 입히고 학교도 보내야 했다. 그 힘겨움 속에서도 한 푼, 두 푼 모아 새롭게 무슨 일을 해보려고 하면 계속 방해를 받았다. 그러니 시기를 받는 사람은 자신은 이해할 수 없는 이유로, 아무 잘못도 없이, 괴로움을 당하는 것이다.

식모 아이도 부잣집 딸아이가 부러웠다. 엄마, 아빠가 모두 살아계시고, 예쁜 옷을 입고 학교에 다니며 마음껏 공부할 수 있고, 동생들 밥을 굶길까 걱정하지 않아도 되는 아이. 그런데 식모는 그 아이가 부럽기는 해도 그 환경이 자신의 것이 아니라는 걸 인정한다. 그리고 할 수 있는 일이 있다는 것에 감사하며 동생들을 공부시키고, 늦게라도 자신도 공부를 하겠다는 꿈을 가지고 살아나갔다.

이솝우화에 보면 야생 당나귀와 집 당나귀의 이야기가 나온다. 볕이 잘 드는 곳에 있는 집 당나귀를 본 야생 당나귀는 맛있는 먹이를 먹을 수 있어서 좋겠다며 부러워했다. 하지만 집 당나귀는

시기심 – 채워지지 않은 욕망의 자리

사람에게 채찍질을 당하며 무거운 짐을 실어 날라야 한다. 얼마 후 이것을 본 야생 당나귀는 소리쳤다. "오! 나는 더 이상 너를 부러워하지 않아. 너는 풍요로움을 즐기는 대신 가혹한 대가를 치르는 거야." 현명하게도 야생 당나귀는 시기심에 빠지지 않았다. 시기심에 사로잡혀 있으면 자신이 가진 보물은 보이지 않고 부족함만 보인다. 타인이 지고 가는 짐은 보이지 않고 달콤한 열매만 보게 된다.

비교가 없으면 시기심은 없다

내가 원하는 것이 내게는 없고 다른 사람에게 있을 때 느끼는 불편한 감정이 '시기심'이다. 그러니 남을 안 보고 살 수 있다면 시기심은 없을 것이다. 하지만 굴을 파고 들어앉아 혼자 살 수도 없는 일이다. 다른 사람들과 어울려 살면서 남과 비교하지 않는 일은 쉽지 않다. 아니, 불가능한 일이다.

시기심의 철학자로 불리는 데이비드 흄David Hume은 시기심의 핵심적인 요소로 '사회적인 비교'를 말한 바 있다. 재산의 가치는 비교를 통해서 더 가치 있거나 혹은 가치 없게 인지된다는 것이다. 나에게 100만 원이 있는데 상대방이 1,000만 원을 갖고 있다면 내 돈이 가치 없게 느껴지고, 상대방이 10만 원을 가지고 있다면 내 돈이 더 가치 있게 느껴지는 것이다. 사람은 주로 상대적인 비교를 통해서 내 가치를 가늠해본다. 이 과정에서 열등감도, 우월감도, 시기심도 생긴다.

몇 년 전 중학생을 대상으로 한 교육 프로그램에서 만났던 한 학생의 이야기는 그래서 인상 깊었다.

"저는 장점이 하나도 없어요. 남들보다 특별히 잘하는 게 없어요."

내가 보기에는 외모도 매력이 있고, 공부하는 것을 좋아하고, 자신의 의견을 정확하게 전달하는 능력도 있었다. 선생님이나 주변 친구들도 장점이 많은 아이로 생각하고 있는데 스스로는 열등감이 깊은 것이다.

아이는 자동적이고 즉각적으로 남과 자신을 비교했다. '비교의 자동화'라고나 할까. 애는 나보다 눈이 크네, 애는 다리가 길구나, 나보다 말을 잘하는 것 같은데, 나보다 영어 발음이 좋군……. 평상시에 자신이 부족하다고 생각하는 부분과 그것을 잘하는 사람을 비교하는 식이다. 그렇게 비교를 하면 자신에게 남는 장점은 아무 것도 없다. "저는 김태희보다는 얼굴이 안 예쁘고요, 장윤주보다 키가 작고, 김연아보다는 스케이트를 못 타요. 미국 사람보다는 영어 발음이 안 좋고, 아이유보다 노래를 못하고, 박태환보다 수영을 못해요. 우사인 볼트보다 달리기를 못하고, 타이거 우

즈보다 골프를 못 쳐요. 난 잘하는 게 아무 것도 없어요." 이런 황
당한 비교와 다를 바가 없다.

그 학생의 또 한 가지 특성은 칭찬을 받아들이지 못한다는 점
이었다. 오랜만에 봐서 "예뻐졌구나." 하고 말을 걸면 "저 안 예쁜
데요."라고 대답을 한다. 친구가 "넌 당당하고 하고 싶은 말도 잘
하잖아." 하고 부러워하면 "나 안 당당하거든." 하고 화를 낸다. 처
음에는 왜 칭찬에 부정적일까 의아했는데, 물어보니 자신은 장점
이라고 생각하지 않는데 남들이 칭찬을 하니 놀리는 것 같다는 것
이다. 습관적으로 비교를 하다 보면 부족하다고 생각하는 면의 부
족한 점이 확실해져서 자신감이 떨어진다.

습관적인 비교를 하며 자신의 부족한 점을 되새기는 사람은 자
신의 가치를 알지 못한다. 심리학자 알프레드 아들러Alfred Adler는
"스스로를 낮게 평가하고 만족하지 못하는 사람은 끊임없이 다른
사람과 비교하고, 다른 사람이 이뤄낸 성과를 통해 자신이 더 형
편없다고 느끼게 된다."고 말하고 있다.

열등감을 뒤집으면 시기심과 만난다. 타인과 비교하는 과정에
서 '열등감'이 깊어지고, 자신에게 없는 것을 타인이 가졌다는 사
실에 '시기심'이 생긴다. 비교하는 마음은 열등감을 낳고, 열등감
이 깊어지니 시기심도 깊어진다.

나는 시기심이 없을까? 내가 시기심을 느끼고 있다는 것을 어

떻게 알 수 있을까? 만약 시기심이 없다고 생각한다면, 타인의 성공에 진심으로 축하할 수 있었는가를 생각해보면 도움이 된다.

미국의 큰 교회에서 목사직을 맡고 있는 어느 목사는 친구의 강연에 항상 많은 사람들이 모이고 우레와 같은 박수와 열광이 뒤따른다며, 그 장면을 목격할 때마다 순간적으로 직업적인 시기심을 느낀다고 털어놓았다. 초등학교 때부터 친구였고, 청소년 캠프에서 이층 침대를 나눠 썼고, 종교적인 신념을 같이하고 목사로서 성장하는 것을 지켜본 친구임에도 시기심을 어쩔 수 없더라는 것이다. 그 목사는 자신의 시기심을 다스리기 위해 타인의 성공을 진심으로 축하하는 마음을 내보기로 했다고 한다.

나도 시기심을 느끼는 순간이 한두 번이 아니지만 기억에 남는 일이 하나 있다. 중학생 때 스피치 대회에 나갔었는데, 1학년 때는 좋은 성적을 냈었다. 2학년 때 선생님이 한 친구를 대회에 참가시키면서 나에게 같이 연습을 하라고 했다. 나는 그 친구에게 내가 아는 것을 알려주고 도움을 주었다. 그런데 스피치 대회에서 그 친구는 3등을 하고 나는 순위 안에도 들지 못했다. 그 기분을 뭐라고 해야 하나. 괜히 도와줬다는 생각도 들고 선생님이 원망스러웠다. 그 친구가 복도에서 나를 보고는 환하게 웃으며 다가오는데 어떻게 해야 할지를 몰라서 옆 교실로 들어가 버렸다. 빈말이라도 축하한다, 잘했다, 뭐 그런 말이 나오질 않았다. 당시에는 그 순간의 내 감정이 무엇인지 몰랐지만 그 장면은 지금까지도 잘 찍힌 사진 한 장처럼 생생하게 기억에 남아 있다.

영국의 정치가이자 철학자인 프랜시스 베이컨이Francis Bacon 『시기심에 관하여』(1597)에서 "다른 사람들이 올라오는 동안 멈춰 있는 사람은 시기심이 생긴다."고 말했는데, 이것이 '간격 시기심'이다. 그와 나의 간격이 유지가 되어야 하는데 나는 가만히 있고 그는 가까워짐으로써 어쩐지 내 지위가 낮아진 것 같다. 아마도 내가 느꼈던 것은 간격 시기심이 아니었나 싶다.

그런데 상대보다 낫기 때문에 유지되는 평정심은 그가 발전하면 깨지는 게 당연하다. 내가 누군가보다 비교적 우월하기 때문에 갖게 된 여유로움은 또 다른 누군가와 비교했을 때 열등하다고 생각하는 순간 사라진다. 끊임없이 나와 남을 비교하고, 열등한지 우등한지 판단하고, 그에 대해 감정이 오르락내리락하는 것은 정말 피곤한 일이다. 피곤하기만 하면 괜찮은데 인생을 불행하게 만든다. 비교는 어리석은 일이다.

"공작새들은 다른 공작새의 꼬리를 부러워하지 않는다. 공작새들은 저마다 자기 꼬리가 세상에서 가장 훌륭하다고 믿을 테니까. 그렇기 때문에 그들은 온순하다."*

* 버트런드 러셀 『행복의 정복』 사회평론, 2005

우리는 스스로 불행한 삶으로 자신을 끌고 들어가는 사람들을 자주 본다. 서점에 꽂혀 있는 수만 권의 책 중 행복에 대해 이야기하는 대부분의 책에서는 '비교하지 않는 것이 행복한 삶을 살 수 있는 방법'으로 제시되고 있다. 남과 비교하지 않으면 열등감과 시기심 같은 많은 심리적인 문제가 해결된다. 그런데 왜 계속 비교하는가? 왜 비교를 멈추지 못하는가? 어떻게 하면 비교를 안 할 수 있는가? 어떤 이들은 자신이 비교하고 있는지조차 모른다.

부모의 상습적인 비교가
시기심을 키운다

오후 3시, 현관문을 열고 들어오면서 초등학생 아들이 말한다.

"엄마 나 수학 다 맞았어."

엄마는 좋아하면서 아이의 머리를 쓰다듬고 궁둥이를 두들겨주고 묻는다.

"반에서 수학 다 맞은 애가 몇 명이야?"

교육전문가들이 아이를 남과 비교하지 말라고 하면 많은 부모들은 "내가 무슨 비교를 해요, 절대 비교 안 해요."라고 말한다. 그런데 비교는 일상적으로 부지불식간에 일어난다. 수학을 다 맞았다고 좋아하는 아이가 상대적으로 몇 등을 한 것인지 알고 싶어

　　　　　　　　　　　시기심 - 채워지지 않은 욕망의 자리

다른 아이들의 성적을 묻는다. 이것도 비교이다.

청소년들이 듣기 싫어하는 말 중에 엄친아, 엄친딸이라는 말이 있다. 엄마 친구 아들, 엄마 친구 딸. 공부 잘하고, 생활 태도 훌륭하고, 어디 한 군데 빠질 것이 없는 그 아이에 대한 이야기를 입에 달고 사는 엄마. "걔는 수학을 그렇게 잘한대", "아침에 깨울 필요가 없다더라", "아들이 얼마나 싹싹한지 엄마 친구는 아들하고도 꼭 딸처럼 잘 지내더라." 듣다듣다 제발 비교 좀 하지 말라고 하면 엄마는 "그냥 사실을 말한 거지, 언제 비교를 했니?"라고 말한다. 물론 콕 집어서 비교한 적은 없다. 그러나 평상시에 수학을 못하고, 아침에 늦게 일어나고, 엄마에게 무뚝뚝한 아이로서 늘 지적을 받았다면 비교라 아니할 수 없다.

"다 너 잘되라고 하는 거야."

"너도 그렇게 하면 좀 좋아?"

부모 입장에서는 자녀를 사랑하지 않아서, 기죽으라고, 불행하라고 비교하고 야단을 치는 것이 아니다. 현재 상황에 만족하지 말고 경쟁의식을 갖고 더욱 노력해서 더 잘되라고 그런 것이다. 그러나 이런 '사회적 상승 비교'는 부작용을 가져올 수 있다. 비교당하는 사람은 언제나 뒤처지고 못하는 사람이 된다. 그리고 그걸 따라가려다 보면 허덕이게 되고, 똑같은 성취를 해도 만족스럽지가 않다.

중학교 프로그램을 제작하던 중 만났던 그 학생 역시 비교의 시작은 부모였다. 우선 부모는 칭찬에 인색했다. 영어 점수를 잘 받으면 "영어만 잘하면 뭐하니, 수학 점수가 부족한데." 수학 점수가 올라도 "겨우 90점 한 번 맞았네. 이번에 90점이라고 다음에도 잘할 거란 보장이 없잖아." 이런 식이었다. 엄마는 마음속으로는 잘했다고 생각을 하면서도 아이가 칭찬을 받으면 방심해서 노력을 하지 않을까 봐 칭찬을 아꼈다고 한다. 그러나 이런 시간이 쌓이면서 아이는 자신이 못하는 것에만 집중하게 된다.

더 위험한 비교는 형제자매간을 비교하는 것이다. 아빠를 닮아 피부색이 까무잡잡한 언니와 엄마를 닮아 피부가 하얀 동생이 있다고 치자. 엄마가 동생에게 "얼굴이 하야니까 예쁘네."라는 말을 자주 한다면 그것은 언니에게 "넌 피부가 까무잡잡하구나."라는 말을 하지 않더라도 비교가 된다. 피부에 대해 한 번도 비난을 받은 적이 없지만 아이는 자신의 피부색을 동생과 비교하며 자신은 얼굴이 어둡다고 불평을 하게 되고, 매력적인 까무잡잡한 피부를 갖고도 열등감을 키우게 된다.

반면 외모가 평범한데도 아무 열등감 없이 자신 있는 사람들도 있다. 잘생긴 친구가 외모 열등감에 시달리는 것을 본 어떤 사람이 '왜 나는 외모 열등감이 없고 남과 비교하지 않을까?' 곰곰이 생각을 해보았다고 한다. 그는 어려서부터 외모에 대한 나쁜 평가

시기심 – 채워지지 않은 욕망의 자리

를 들어본 적이 없었다. 코가 반듯하구나, 피부가 좋구나, 눈빛이 따뜻하구나, 체구가 작아서 야무져 보이는구나. 이렇게 콕 집어 긍정적인 얘기만 듣다 보니 자신의 외모에 별 불만이 없었다.

프랑스 교육에 대해 취재하면서 느꼈던 것은 많은 엄마들이 아이들의 외모에 대해 얘기하지 않는다는 것이었다. 어디가 밉구나 하는 얘기는 물론 예쁘구나 하는 평가도 하지 않는다. 사람이 열등감을 키우게 되는 가장 일반적인 원인은 외모에 있다. 어려서부터 누군가는 "어머 예뻐라."라는 피드백을 자주 받고 누군가는 그렇지 못하면 당연히 우월감, 열등감이 생기고 비교하는 심리가 생긴다. 그래서 아예 외모에 대한 얘기는 꺼내지 않는다고 했다. 그 얘기를 듣고 우리나라 환경을 생각해 보니 우린 외모 얘기를 입에 달고 산다. 한 종편 방송사에 여러 나라의 청년들이 모여 한 가지 주제로 토론을 하는 프로그램이 있는데, 외모에 대해 인상적인 이야기를 했다. "얼굴 크기를 가지고 크다, 작다는 얘기는 한국에 와서 처음 들었어요." 미국, 프랑스, 독일, 이탈리아, 스위스, 인도, 파키스탄에서 온 청년들이 자국에서는 한 번도 그런 얘기를 들어본 적이 없고, 얼굴 크기로 누굴 평가하지 않는다는 것이다. 한국 미디어에서도 외모는 가장 흔한 소재로 쓰인다. 외모를 찬양하고, 외모를 비웃는다. 그래서 한국은 성형 왕국이 되었을 테지만 많은 사람들은 마음의 병을 앓고 있다.

만약 부모가 형제자매간을 비교하고 편애한다면 어떻게 될까? 어려서 부모를 잃고 자수성가를 한 어느 아버지는 자신을 닮아 야무지고 똑똑한 큰딸은 귀여워한 반면, 마음이 약하고 눈물이 많은 아들은 심하게 야단을 치고 매도 자주 들었다. 좀 강해지라는 뜻이었지만 아들은 자라면서 아버지와 누나를 미워하고 싫어하게 됐다. 사회생활을 하면서 누나와 닮은 여자를 보면 독하다고 피했다. 보다 안타까운 것은 자신이 결정을 잘 못한다며 자신의 선택을 믿지 못한다는 점이었다. 늘 그렇게 비교당하고 야단을 맞다 보니 아버지와 같은 생각을 하게 된 것이다. 스스로도 아버지가 자신을 바라보는 눈으로 자신을 보고 있었다.

늘 자신이 없어서 힘들어했던 그는 30대 중반에 오랜 상담을 통해 미술치료사의 길을 선택했다. 어려서부터 마음이 따뜻한데다 오랫동안 자신의 상처를 들여다보다 보니 남의 상처를 잘 알아보고 위로하는 능력이 자랐던 것이다.

여러 개의 중소기업체를 운영하는 50대 사업가는 건강이 악화돼 일을 좀 줄이고 건강을 돌봐야 한다는 의사의 진단을 받았지만 사업을 확장하는 일에만 골몰했다. 그는 자신이 강박적으로 사업을 확장하고 돈을 버는 이유가 형보다 많은 돈을 갖고 싶기 때문이라고 했다. 형은 어려서부터 아주 똑똑하여 가난한 집안을 일으킬 등불 같은 존재였다. 집안의 모든 지원은 형에게 집중되었고,

먹을 것도 입을 것도 학비도 형이 먼저였다. 상대적으로 성적이 좋지 않았던 동생은 부모의 기대에서 벗어나 있었고, 집에서 대학 등록금을 마련해주지 않아 스스로 돈을 모아 대학에 갔다. 형과 끊임없이 비교를 당해왔던 그는 집안의 지원을 받은 형보다 더 잘되고 싶다는 생각에 사로잡혔다. 그 경쟁심은 그의 사업을 번창하게 하는 이유가 됐지만, 건강을 잃고도 일을 줄이지 못하는 강박으로 작용했다. 죽어도 돈에 파묻혀 죽고 싶다는 슬픈 꿈을 꾸면서 말이다.

롤프 하우블은 그의 저서 『시기심』에서 형제간의 갈등을 제대로 극복하지 못할 경우 사회에 나가서 선입관 없이 사람들을 대하기 어렵다고 말한다. 형제간에 항상 대접을 받고 맘대로 결정하던 사람은 사회에 나가서도 그렇게 하려고 하고, 자신의 의견에 반대하는 사람을 복종시키려 하거나 제거하려 든다. 형제를 이겨야 하는 대상으로 보던 사람은 타인을 대할 때도 이겨야 하는 대상으로 보게 된다. 형제로부터 항상 손해를 본다는 억울한 생각이 있었다면 타인을 볼 때도 행여 자신에게 손해를 입히지는 않을까 전전긍긍하게 된다.

부모는 습관적인 비교를 통해 아이에게 우월감, 열등감, 시기심을 심어줄 수 있다. 만약 내가 시기심에 시달리고 있다면, 자꾸 남과 비교하며 우월감을 확인하려 하거나 열등감에 빠져든다면, 나에게 비교하는 습관이 있는지 그 습관이 어디에서 비롯됐는지 살펴볼 일이다. 남들의 시선에 의해 비교하는 습관이 심어졌지만 그로부터 벗어나는 것은 스스로 해야 한다. 'looking glass self', '남의 거울에 비친 나'라는 뜻이다. 세상에는 여러 가지 종류의 거울이 있다. 크고 반듯해서 왜곡이 없는 거울도 있지만 올록볼록한 거울, 깨진 거울, 더러워진 거울도 있다. 어렸을 때는 다른 사람의 눈에 비친 자신을 '나'로 받아들이게 된다. 그래서 어느 거울에 비춰지냐에 따라서 나에 대한 생각이 고정된다. 그러나 우리는 지금

도 자라고 있으며, 생각할 힘도 가지고 있다. 이제 반대로 나를 비췄던 거울이 볼록 거울이었는지 깨진 거울이었는지 생각할 수 있는 것이다. 그렇게 천천히 나에 대해 왜곡돼 있던 생각을 바꾸고 버리는 일을 할 수 있다.

강박을 만들어내는 시기심

중학생들이 진로 학습 시간에 자신의 꿈에 대해 발표하는 것을 본 적이 있다. 한 남학생의 꿈은 좀 색달랐다. 대부분은 직업에 대해 말했는데 그 학생은 '좋은 아버지'가 되겠다고 했다. 내용이 아주 구체적이었다.

"아침이면 학교에 데려다주고, 일찍 퇴근해서 아이들과 놀아주고, 공부도 가르쳐주고, 잠잘 때는 기도를 해줄 것입니다. 어린이날이나 생일, 크리스마스에는 좋은 식당에 데려가서 맛있는 음식을 먹고 선물을 사줄 것입니다. 고민이 있을 때 의논 상대가 되어주고 학교 일에도 적극적으로 참여할 것입니다. 1일 교사로 수업도 하고 직업 체험도 해줄 것입니다. 1년에 한 번씩은 해외여행을

시기심 – 채워지지 않은 욕망의 자리

가고 싶습니다."

선생님과 친구들은 큰 박수를 쳐주고 격려를 해주었다. 나중에 보니 그 학생은 어렸을 때 부모님이 이혼을 하여 벌써 몇 년째 아버지를 못 만나고 있었다. 아버지와 하고 싶은 일이 많았던 어린 시절, 그 시간이 아이에게 좋은 아버지가 되겠다는 꿈을 심어준 것 같았다. 그런데 그 아이에 대해 생각을 더 하게 된 것은 그 다음 이야기에서다. 시간이 나면 공원 벤치에 앉아 아버지와 함께 노는 아이들을 보다 오는데, 간혹 너무 집중을 하고 있어 자신도 깜짝 놀란다는 것이다. 나는 선생님도 심리상담가도 정신분석가도 아니지만, 그 마음이 어떤 상태인지 알 것 같았다. 나도 누군가를 빨려 들어갈 듯 정신없이 바라보다 뒤늦게 내가 그렇게 행동했다는 것을 깨달은 적이 있었다. 그리고 그 순간 가슴이 뻐근하게 아팠던 기억이 난다. 도대체 내가 왜 그 사람을 그런 식으로 바라봤을까. 곰곰이 생각해본 끝에 그 마음이 어떤 결핍에서 비롯된 '시기심'이었다는 것을 알았다.

혹시 그 아이는 좋은 아버지가 되고 싶다기보다 좋은 아버지를 갖고 싶은 게 아닐까. 그런데 자신은 절대 가질 수가 없으니 좋은 아버지가 되는 꿈으로 결핍을 대체하려는 것은 아닐까. 그러나 좋은 아버지가 되겠다는 꿈은 박수를 받을 만한 일이고 추구할 만한 일이니 그 꿈속에 자신의 다른 감정이 숨어 있다는 사실을 알기란 쉽지 않을 것이다.

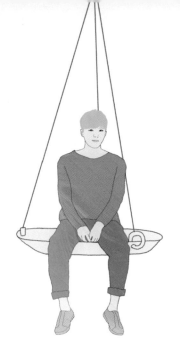

일본 심리학자 가토 다이조는 "평범하게 살고 있는 사람이 노력을 하는 동기에는 복수심이나 분노가 없다."면서 강박적으로 명성을 추구하는 사람에 대해 이야기한다. 결핍과 시기심에 의해 뭔가를 추구할 때도 강박적일 수 있다.

'좋은 아빠'가 되겠다는 꿈은 좋은 것이지만, 자신의 결핍 때문에 감정이 요동치는 것을 모른다면 좋은 아빠라는 이미지에 갇혀서 강박적인 노력을 할 수도 있다. 강박적인 노력을 하다 보면 잘하면서도 부족하다고 생각하고, 잘못한 것 같으면 죄책감을 느끼고, 남들이 알아주지 않으면 분노가 생긴다. 강박에 의한 노력은 하면 할수록 기쁨이 커지는 것이 아니라 힘겹고 지친다.

40대에 그림을 그리기 시작한 이가 있었다. 처음에는 입시 학원에 가서 고등학생들과 함께 공부를 하고 동호회 활동을 시작하더니 어느새 몇 차례 전시회도 했다. 그런데 어쩐 일인지 그 후에도 입시 학원에 계속 다녔다. 이미 화단에 등단한 화가였지만 자기는 기초가 부족하기 때문에 입시 학원에 다녀야 한다는 것이다. 직장 생활을 하면서 그림을 그렸기 때문에 꾸준히 학원에 다닐 시

시기심 - 채워지지 않은 욕망의 자리

간은 없었다. 그런데도 전시회를 마치고 학원을 등록하고, 출장을 다녀와서 학원을 등록하는 과정을 반복했다. 주변의 친구나 화가들이 아무리 말려도 소용이 없었다.

그는 심리학 공부를 시작하면서 자신이 입시 학원에 계속 다니는 이유를 알았다. 고등학교 때 미술대학에 진학하고 싶었지만 집안 형편으로 포기해야 했던 그는 수업을 마치고 미술 입시 학원으로 향하던 친구들이 너무 부러웠던 것이다. 그때의 시기심이 40대의 자신을 조종하고 있는데 자신은 그것도 모르고 미술 기초를 튼튼히 하기 위한 노력으로 생각했다는 것이다.

사람의 모든 열망과 행동이 그렇듯 이것이 어디에서, 무엇에서 비롯됐는지 알아채지 못하면 어디로 가는지도 알 수가 없다.

시기심이 있다는 것은
내 안에 어떤 결핍이 있는 것이고,
그것을 채우고 싶은 욕망이 있는 것이다.

사람의 모든 열망과 행동이 그렇듯
이것이 어디에서, 무엇에서 비롯됐는지
알아채지 못하면 어디로 가는지도 알 수가 없다.

숨어 있는 욕망을 알아차리기

시기심은 부정적인 감정이지만 잘 알아채면 긍정적인 영향을 미칠 수도 있다. 시기심이 있다는 것은 어떤 결핍이 있는 것이고, 그것을 채우고 싶은 욕망도 있는 것이기 때문이다.

마흔이 넘어서야 뒤늦게 자신의 시기심을 알아챈 사람이 있다. 그는 뒤늦게 클래식 음악에 관심이 생겨서 클래식 음악을 공부하고, CD도 사 모으고, 값비싼 공연도 챙겨 보기 시작했다. 그런데 공연장에 가면 유난히 함께 온 가족에게 눈길이 가더라는 것이다. 특히 부모와 함께 온 아이들에게 시선이 가면서 '너는 참 좋겠구나.'라는 생각이 들었고, 그럴 때는 살짝 울컥하기도 했다. 왜 이럴까 곰곰이 생각을 해보니 어린 시절에 부모와 함께 문화생활을 하는 친구들을 몹시 부러워했었다는 것을 알았다. 그런데 막상 마흔이 될 때까지 그 감정을 몰랐다는 것은 시기심을 억제했을 뿐 아니라, 그런 열망이 있다는 사실을 부정했을 가능성이 크다. 어차피 할 수 없는 일이니 욕망 자체를 느끼지 않으려는 것이다. 이것이야말로 불행한 일이다. 만약 일찍 자신의 시기심과 열망을 알아챘다면 자신이 할 수 있는 범위 안에서 노력을 했을 것이다. 그나마 다행인 것은 늦게나마 자신 안에 감춰져 있던 감정도 발견하고 그 열망을 알아챘다는 점이다.

시기심은 부정적인 감정이고 나를 불편하게 만드는 감정이다. 시기심이 안 생기길 바랄 수는 있지만, 그것은 아예 안 생길 수 있는 감정이 아니다. 그렇다면 시기심이 생긴 다음에는 어떻게 해야 할까? 없는 척 해야 할까? 그것은 시기심 안에 숨어 있는 내 욕망을 부정하는 일이 된다. 그러니 시기심이 생긴다면 그 감정을 잘 들여다보고, 그 감정을 불러일으킨 내 욕망이 무엇인가 보는 연습이 필요하다. 노력을 하여 나도 가질 수 있는 것이라면 발전적인 방향으로 나갈 수 있다.

여기에는 한 가지 전제가 있다. 지금 나에게는 그것이 없다는 것을 부끄럼 없이 인정할 수 있어야 한다. 그것이 나에게 없다는 사실이 부끄러워 숨기고 억누르다 보면 욕망 자체를 알아차릴 수 없고, 실현할 기회도 잃는다. 그러니 나는 쟤가 부럽구나, 저런 걸

시기심 - 채워지지 않은 욕망의 자리

갖고 싶구나, 이렇게 자신의 욕망을 알아채는 도구로 시기심을 사용하는 것이다.

그런데 여기에는 아주 어려운 결론이 남아 있다. 나의 욕망을 알아챘는데 그것이 나의 노력으로 얻을 수 없는 것이라면, 좋은 부모처럼 이미 정해져 있는 것이라면 어떻게 해야 할까? 도저히 극복할 수 없는 결핍과 직면했을 때, 아르투르 쇼펜하우어Arthur Schopenhauer는 이런 종류의 시기심을 인간이 '가장 화해하기 어려운 시기심'이라고 말한다. 이것을 극복하는 거의 유일한 길은 포기하는 것이다. 포기도 선택이다. 포기라는 단어가 마음에 들지 않는다면 '정리'라는 단어를 사용해도 좋겠다. 한 수녀님의 책에서 "포기가 어쩔 수 없어 버리는 것이라면 정리는 필요하기 때문에 버리는 것입니다. 포기는 강요에 의한 것이지만 정리는 자발적인 것입니다."라는 글을 읽었는데, 그 정의가 맘에 들어서 가끔 사용을 한다. 앞에서 예로 들었던 드라마의 식모 아이는 자신에게는 없는 안락한 환경이 가슴 시리도록 부러웠지만 포기할 줄도 알았다. 자신의 것이 아니라고 치워버렸다. 자발적으로 정리해버렸다. 그리고 돈을 벌기 위해 연탄을 나르고 구들장을 놓던 경험을 살려 건설업을 시작해 보란 듯이 성공한다. 남에게 있는 것을 부러워하는 대신 자신이 잘하는 것을 찾아 집중한 것이다.

많은 사람들이 잘 아는 이솝우화 『여우와 신포도』는 이럴 때 많이 사용된다. 배고픈 여우가 먹을 것을 찾아다니다가 높이 매달린 포도를 발견했다. 그런데 아무리 노력을 해도 나무에 기어 올라갈 수 없었고, 결국 "저 포도는 맛없는 신포도야." 하며 포기하고 발길을 돌린다. 이 우화에 대해서도 개인적인 의견은 분분하지만 나는 여우가 잘했다고 생각한다. 한 가지 의견을 보태자면, 포기하기 전에 여우는 곰곰이 생각했어야 한다. 나는 배가 고파서 포도를 먹고 싶은 것인가? 배고픔만 해결하면 된다면 굳이 포도에 매달릴 것이 없다. 다른 걸 구해 먹으면 된다. 그런데 온 숲을 다 돌았는데 먹을 게 하나도 없었다면 다시 나무로 돌아와 신포도를 먹어야 한다. 하지만 이번에 올 때는 나무에 올라갈 사다리나 포도를 떨어뜨릴 막대기라도 하나 가져와야 한다.

시기심을 발견했을 때 집중해야 할 문제는 내가 이것을 진정으로 원하는 것인지, 다만 남들은 다 가진 것이 나에게만 없어서 나도 좀 갖고 싶은 것인지 구분을 하는 것이다. 분명한 것은 이 생각을 하고 선택을 하는 과정은 누구에게나 아주 힘들다는 것이다.

그럼 중학교 2학년 선우에게 어떤 조언을 해주면 좋을지 생각해보자.

열다섯 살 선우는 축구 선수가 되는 것이 꿈이다. 그것도 데이비드 베컴이나 호나우두처럼 세계적으로 유명하고 돈도 많이 버는

시기심-채워지지 않은 욕망의 자리

선수가 되는 것이다. 그래서 진로 수업 시간에도 꼭 장래희망을 축구 선수라고 적는다. 그런데 선우가 다니는 학교에는 축구부가 없다. 초등학교 때도 선우는 축구를 하지 않았다. 심지어 운동을 별로 좋아하지 않아 체육 시간에도 틈만 나면 앉아 있다. 축구에 '축'자도 모르고 운동을 좋아하지 않는데 꿈은 유명한 축구 선수다. 이를 안타까워하는 진로 담당 선생님이 지금부터 축구를 해도 유명한 축구 선수가 되기는 힘들다고 말을 해주면 자기를 무시한다며 벌컥 화를 낸다. 안 해서 그렇지, 하기만 하면 아주 잘할 것이고 꼭 유명한 축구 선수가 되고 말겠다는 것이다. 시간을 두고 선우와 얘기를 해보니 선우의 바람은 축구 선수가 되는 것이 아니라 돈을 많이 버는 것인 듯했다. 돈을 많이 버는 직업에 연예인을 포함해 몇 가지가 있는데, 연예인은 되기 싫고 축구 선수가 낫겠다는 것이다.

선우에게 어떤 조언을 하고 싶은가? 나는 꿈을 꾸기 위해서는 먼저 꿈을 깨야 한다고 말해주고 싶다. 많은 사람들이 어떤 결핍에서 시작됐는지도 모르는 헛된 꿈을 꾼다. 선우만 그런 것이 아니다. 이 헛된 꿈을 깨지 않으면 제대로 된 꿈이 자리 잡을 곳이 없다. 제대로 된 꿈을 꿀 시간도 없다. 그러니 선우야, 우선 그 헛꿈을 좀 깨자.

행복을 느끼는 능력

←──────○

10년 전 쯤 내가 고민을 털어놓고 상담하는 친구가 있었다. 그런데 어느 날, "너는 어쩌면 몇 년째 똑같은 말을 하고 있니, 답답하다."라는 말을 들었다. 그 말을 들었을 땐 화가 났었다. 몇 년째 똑같은 말을 하고 있다는 것은 몇 년째 고민이 해결되지 않았다는 것인데, 오래도록 고민을 해결하지 못한 내가 더 답답하지 몇 마디 들어주는 네가 답답하냐. 하지만 그 후로 다시 생각을 하게 됐다. 왜 몇 년째 똑같은 말을 하고 있는 거지? 생각해 보니 내게 있어서 고민이란 하고 싶은 일과 보상에 대한 것이었다. 그런데 늘일의 결과나 보상의 정도가 맘에 안 찼고, 그 다음에는 규모가 더 큰 일을 원했다. 열심히 했고 뭐든 결과를 얻었으면 그 가치를 인

　　　　　　　시기심-채워지지 않은 욕망의 자리

정하고 만족해야 마음에 기쁨이 있을 텐데 그런 기쁨은 모른 채 그저 허겁지겁 다른 것을 원하는 과정을 반복했던 것이다. 이 굴레 안에 갇혀 있으면 마음이 편하거나 즐거울 수 없다. 정확하게 말하자면 '심리학적으로 충만한 삶'을 살 수 없다. 『시기심』의 저자 롤프 하우블은 '심리적으로 충만한Wohlbefinden 삶'은 행복과 만족으로 이루어져 있다고 말한다.

만족이란 단어를 좋아하지 않는 이들도 많다. 강렬하지 않고 도전적이지 않고 어쩐지 체념하는 것 같은 느낌이 들기 때문이다. 만족의 사전적인 의미는 '모자란 것 없이 마음에 흡족한 상태'를 말한다. 어떤 상태나 결과가 자신의 마음에 든다는 것이다. 더 이상 무엇을 추구하지 않거나 도전하지 않겠다는 의지가 아니다. 피겨스케이팅의 김연아 선수가 2위를 기록하고 인터뷰를 하면서 "오늘의 결과에 만족한다."고 말했다면 그다음 시합에서도 2위를 하겠다는 말일까? 오늘은 만족하지만 그다음에는 최선을 다해서 더 좋은 성적을 내겠다는 의미다.

다만 만족할 줄 아느냐, 늘 불만족스럽냐는 삶의 질에 영향을 준다. 독일어로 만족이란 단어에는 '평화를 찾은 사람'이라는 뜻이 있다고 한다. 마음이 편안한 상태이다. 행복 역시 마음이 즐거운 상태를 뜻한다. 흔히 돈이 많으면 행복하지 않을까, 성공하면 행복하지 않을까 생각한다. 돈, 건강, 사랑, 성공 같은 물질적인 조건은 행복할 가능성을 높여주기는 하지만 곧바로 행복으로 연결되지는 않는다. 행복은 주관적인 마음의 상태를 말하며, 마음이 즐거울 수 있다면 행복한 것이다.

얼마 전 한 수녀회의 수녀님들과 일을 한 적이 있다. 청소도 하고 풀도 베고 열심히 일하다가 순간 불어오는 바람을 맞이하며 수녀님들이 하시는 말씀, "참 시원하지요, 나를 사랑해서 보내주신 바람이지요." 한줄기 바람에서 자신에게 보내주는 신의 사랑을 느낀다는 것이며, 한줄기 바람에도 행복할 수 있다는 얘기다. 순간 행복감을 느끼는 것은 가장 큰 능력이며, 그 능력이 있어야 정말 행복할 수 있다는 생각이 들었다.

부정적이고 불편한 감정에 빠져 있다면 좋은 조건이 주어진다고 해도 행복할 수 없다. 내게 없는 것보다는 내 안의 보물을 발견하여 집중하고 내가 이룬 것을 소중히 여길 때 더 행복해진다. 성공하면 행복한 것이 아니라, 행복하면 성공한다.

내게 없는 것보다는
내 안의 보물을 발견하여 집중하고
내가 이룬 것을 소중히 여길 때
더 행복해진다.
성공하면 행복한 것이 아니라,
행복하면 성공한다.

감사 일기

미국에서 가장 유명한 토크쇼 중 하나인 〈오프라 윈프리 쇼〉를 진행하는 오프라 윈프리. 그녀의 '감사 일기'는 아주 유명하다. 오프라 윈프리는 지독하게 가난한 미혼모에게서 태어나 할머니의 품에서 자랐다. 열네 살 때 삼촌에게 성폭행을 당하였고, 출산과 동시에 미혼모가 되었다. 아이는 태어난 지 2주 만에 죽었으며, 그 충격으로 가출을 하여 마약과 알코올에 의지해 하루하루를 지냈다. 살고자 하는 의지가 전혀 없었고 몸무게가 107킬로그램까지 늘었다. 그러던 오프라 윈프리가 전 세계 1억 4천만 시청자를 웃고 울게 하는 토크쇼의 여왕이 되었다. 그녀는 자신을 만들어준 비결이 감사 일기라고 말했다. 아무리 바빠도 하루 중 감사한 일을 찾아서 감사 일기장에 적는 것이었다. 감사의 내용은 거창하거나 화려하지 않고 일상적인 것들이다.

- 오늘도 거뜬하게 잠자리에서 일어날 수 있어서 감사합니다.
- 오늘 눈부신 파란 하늘을 보게 해주셔서 감사합니다.
- 오늘 맛있는 점심을 먹게 해주셔서 감사합니다.
- 미웠던 동료에게 화내지 않았던 저의 참을성에 감사합니다.
- 좋은 책을 읽었는데, 그 책의 작가에게 감사합니다.

오프라 윈프리는 감사 일기를 통해서 두 가지를 배웠다고 한다. 인생에서 소중한 것이 무엇인지, 삶의 초점을 어디에 맞춰야 하는지 알았다는 것이다. 감사 일기를 쓰다 보니 내가 원하는 것, 나에게 필요한 것, 내가 할 수 있는 것이 또렷해지고 그것을 추구하게 된다는 것이다.

감사하는 마음은 신체에도 긍정적인 영향을 미친다. 미국의 심리학자 로버트 에몬스Robert Emmons 교수는 감사가 신체에 미치는 영향을 과학적으로 밝혀냈다. 한 그룹에는 감사 일기를 적게 했고 다른 그룹엔 그냥 지내게 했다. 그 결과 감사 일기를 적은 그룹의 사람들이 더 정기적으로 운동을 했고 각종 신체 불편 증상들이 적었으며, 학업이나 대인관계에서 점차 나아진 생활을 하는 것으로 나타났다. 뿐만 아니라 감사 일기를 적었던 사람들이 미래에 대해 더 낙관적이었고 삶에 대해 더 만족했다.

감사하는 마음을 가지면 몸의 부교감신경이 활성화되고, 뇌에서는 도파민이나 세로토닌 같은 평온과 기쁨을 담당하는 호르몬이 방출된다. 과거에 대한 원망이 줄어들고 미래에 대해 긍정적으로 생각하게 되며, 사고가 유연해져 문제 해결 능력도 더 커진다. 로버트 에몬스 교수는 감사하는 사람들은 기쁨, 열정, 사랑, 행복, 낙관 등 긍정적인 감정을 높게 경험하며, 꾸준히 감사하는 마음을 유지하는 것은 부러움, 분개, 탐욕, 비통 등 파괴적인 충동으로부터 사람을 보호한다고 자신의 논문 말미에 전했다. 감사하는 마음은 부드럽고 강하며, 인생을 바꿀 만큼 힘이 세다.

자존심을 지키기 위한 정당함

화를 내거나, 못 내거나

분노와 관련된 표현 중에 '화병' 혹은 '울화병'이라는 말이 있다. 한국 사람들이 주로 호소하는 병증으로 화를 참는 일이 반복되어 스트레스성 장애를 일으키는 정신 질환을 말한다. 1996년 미국 정신과협회에서 화병을 한국 문화와 관련된 증상으로 보고 '문화 관련 증후군'의 하나로 등록을 했다. 로마자로 'Hwabyeong' 또는 'Hwabyung'으로 쓰는데, 전문가들이 화병을 호소하는 사람들을 면담해본 결과, 이들은 모두 만성적으로 부정적인 감정을 억제해왔다는 것이 밝혀졌다. 화낼 일이 있는데 이를 풀 수 없어 꾹꾹 참고 있으면 병이 된다는 말은 맞는 것 같다.

그런데 화를 너무 많이 내는 병도 있다. 작은 자극에도 지나치

분노 – 자존심을 지키기 위한 정당함

게 분노를 느끼고, 분노를 쉽게 가라앉히지 못하는 것이다. 화를 버럭버럭 내야 만족감과 안도감이 느껴져서 점점 더 화를 많이 낸다. 이런 증상을 '분노 조절 장애'라고 한다.

미국의 컴퓨터 IT 기업을 창립한 스티브 잡스Steve jobs의 별명은 '분노의 아이콘'이었다. 잡스와 일하던 애플사 직원들 사이에서는 "엘리베이터에서 절대 잡스와 마주치면 안 된다."는 말이 나돌았다고 한다. 잡스는 엘리베이터에서 직원을 만나면 직무와 관련 없는 엉뚱한 질문을 던지곤 했는데, 이때 직원이 당황하거나 우물쭈물하며 원하는 대답을 하지 못하면 버럭 화를 내고 바로 해고 통보를 했다는 것이다. 애플사 이사회를 향해 돈벌이에만 관심 있는 썩어빠진 인간들이라고 비판을 하는가 하면, 경쟁사에 대해서 전 생애와 전 재산을 바쳐서라도 무너뜨릴 것이며 핵전쟁도 불사하겠다는 무시무시한 발언도 서슴지 않았다. 마음에 들지 않으면 최고 권력자는 물론 언론 관계자에게도 말도 안 되는 폭언을 퍼부어댔다. 그래서 주변 사람들은 그를 성공한 사람으로 평가하지만 훌륭한 사람으로 평가하는 데는 인색하다. 그의 증상은 분노 조절 장애이다. 화를 못 내도 병, 너무 내도 병. 화는 그런 것이다.

미국의 정신의학자 엘마 게이츠Elmer R. Gates는 사람들이 말할 때 나오는 침의 침전물을 분석했는데, 평상시의 침은 색깔이 없지만 화가 나 있을 때는 진갈색으로 변했다고 한다. 이 갈색의 침전물을 흰쥐에게 투여했더니 쥐는 그만 죽고 말았다. 그러니 분노가 지속되면 우리 몸에는 독성 물질이 분비되어 건강마저 해치게 되는 것이다.

노스캐롤라이나 대학교의 달스트롬Dahlst Rom 교수는 의대생을 대상으로 분노와 죽음의 관계를 연구했다. 의대생을 적대감이 높은 그룹과 낮은 그룹으로 나누고 25년 후 그들이 50대가 되었을 때 사망률을 조사한 것이다. 결과는 놀라웠다. 적대감이 높았던 그룹의 사망률이 적대감이 낮았던 그룹보다 일곱 배 높았고, 심장 질환자도 다섯 배나 많았다. 법대생을 대상으로 한 조사에서도 비슷한 결과가 나왔는데, 법대생 시절 적대감 수치가 높았던 그룹의 20%가 이미 사망했지만 낮은 그룹의 사망률은 4%에 불과했다. 아일랜드계 미국 작가인 프랭크 맥코트Frank MaCourt가 말한 것처럼 "분노하며 원한을 품는 것은 내가 독을 마시고 남이 죽기를 바라는 것"이며, 무엇에 의해서 분노가 촉발되든 그 최초의 피해자는 나 자신이다.

화를 안 내고 우아하게 살고 싶은데 살다 보면 누구나 화가 나는 상황이나 대상을 만나게 된다. 그리고 분노를 표출하게 된다. 어떻게 된 것이 내 주변에는 이토록 이상한 사람들이 많고 비정상

분노 - 자존심을 지키기 위한 정당함

적인 상황도 자주 벌어지는지. 나무는 고요하고자 하나 바람이 그 치지 않는다던가. 그들의 비논리와 비합리, 비인간적인 행위들이 나를 자극하고 화를 돋운다. 불쾌하고, 짜증나고, 언짢고, 열 받고, 뚜껑이 열리고, 눈에서 불이 일어나고, 가슴에서 불덩이 같은 게 치밀어 오르고, 울화통이 터진다.

분노는 정당한 감정이다

"모든 감정에 적용되는 한 가지 일반 원칙은 감정이 일어나는 데는 관련된 목표가 있다는 것이다. 분노의 경우 그 목표는 자신의 자존심을 보존하려는 것이다." —리처드 래저러스&버니스 래저러스 『감정과 이성』

"분노는 완전히 정당한 감정이다. 분노는 우리의 기본적인 욕구나 권리가 침해되었거나, 침해되려고 한다는 신호이다." —존 브래드쇼 『상처받은 내면아이 치유』

분노는 외부 대상이 나에게 손해를 미치는 상황에서 스스로를

분노-자존심을 지키기 위한 정당함

방어하기 위해 필요한 감정 반응이다. 만약 내가 손해를 입을 때 아무 감정이 느껴지지 않는다면 나를 보호하거나 존중할 수 없을 것이다. 그러니 분노는 나쁘거나 불필요한 감정이 아니다. 어떤 상황에서 내가 분노를 느꼈다면 그것은 나의 진실이다. 나에게는 분노가 일어날 이유가 있었던 것이다.

몇 년 전 중학생과 관련된 교육 프로그램을 제작할 때 '화가 났을 때는 언제인가'라는 질문을 하고 적어 보라고 했던 적이 있다. 대체로는 부모나 선생님, 가까운 친척과 같은 어른에 대한 분노가 많았고, 감정 표현을 못 하고 지나갔던 일을 적는 경우가 많았다.

아빠가 저녁 외식을 하자고 할 때마다 짜증이 난다. 냉면 먹으러 가자, 해장국 먹으러 가자고 하실 뿐 나에게 뭘 먹고 싶으냐고 물어본 적이 없다. 당연히 외식할 때 내가 먹고 싶은 걸 먹은 적이 없다. 냉면은 좋아하지도 않는다. 그래서 안 간다고 했더니 오랜만에 아빠가 나가자는데 안 간다고 야단을 치신다. 아빠는 늘 자기 하고 싶은 대로 하면서 나만 버릇없는 놈을 만든다. (중학교 2학년 남학생)

외식을 할 때 늘 자기가 먹고 싶은 것만 먹는 아빠는 평상시에도 자신의 의견만을 강조할 가능성이 크다. 평상시 아빠에 대한 불만, 자신의 의견을 말하지 못하는 데 대한 짜증, 내 맘을 알아주지 않는 데 대한 실망감, 그럼에도 항상 내가 잘못하는 사람이 되는 것에 대한 억울함 등이 모여 분노를 일으킬 수 있다.

엄마 아빠가 싸움을 하는 소리에 잠이 깼다. 엄마 아빠가 집 밖으로 나가는 소리가 들렸다. 우리가 깰까 봐 나가서 싸운다는 것을 알고 있다. 엄마 아빠를 기쁘게 해주고 싶어서 커피를 두 잔 타서 식탁에 올려놓고 계속 자는 척을 했다. 그런데 집에 돌아온 아빠가 "잠이나 자지, 늦은 밤에 뭐 하러 커피를 타놨어?" 소리를 버럭 질렀다. 내가 잘못해서 아빠가 더 많이 화가 나신 것 같아 죄송했다. 그런데 시간이 지나도 그날 일이 계속 생각나고 울컥해진다. (중학교 2학년 여학생)

한밤중에 잠에서 깨어 부부 싸움을 하는 부모를 본 아이는 기분이 어땠을까? 아이는 부모님의 사이가 안 좋아질까 봐 불안했고, 커피를 탄 자신의 행동이 창피했다고 말했다. 아빠가 원망스럽거나 화가 나지는 않았냐고 묻자, 아빠가 잘못한 게 아니고 자신이 잘못한 거라 화가 나지는 않는단다. 아이가 그때 화가 났었다고 표현을 한 것은 몇 달이 지나서였다.

두 아이 모두 자신의 감정이 무엇인지 제대로 알지 못했고, 자

분노 - 자존심을 지키기 위한 정당함

신의 감정을 드러내지 못했다. 뭔가 불쾌하기는 한데 이게 무슨 감정인지 모를 때 사람들은 보통 욕을 한다. 짱나, 이 한마디로 감정을 표현하기도 한다. 내 친구 중에 한 명은 불편하고 부정적인 감정을 늘 "상처 받았어."라고 표현했다. 화가 나도, 창피해도, 충격을 받아도 "상처 받았어."이다. 그는 학창시절에 공부를 아주 잘했는데, 부모님이 냉정한 편이라 칭찬을 별로 해주지 않았다고 한다. 전교 1등을 한 성적표를 받았을 때도 엄마는 "옆집 아이는 제 손으로 밥해 먹고 다니면서도 성적은 너만큼 좋아. 넌 공부만 하는데 이 정도도 못하면 죽어야지."라고 말씀하셨단다. 그런 집안 분위기 속에서 친구는 한 번도 좋고 싫고 화난 감정을 드러낼 수 없었다. 그러다 보니 그저 읊조리듯 "나 상처 받았어."라고 말했던 것 같다.

이 친구 생각을 하다 보니 문득 〈왕룽일가〉라는 드라마의 여주인공이 떠오른다. 그녀는 뭔가 부정적인 상황에서 늘 "지겨워."라고 말했다. 부모가 부부 싸움을 해도 지겨워, 친구가 약속 시간에 늦게 나와도 지겨워, 밥맛이 없어도 지겨워, 늦잠을 자고 일어나서도 지겨워.

어려서부터 감정 표현을 할 수 없도록 억압을 당했다면 화를 내는 데 어려움을 느낄 수 있다. "쪼그만 게 어디서 성질을 부려?", "뭘 잘했다고 신경질이야?", "한 번만 더 소리 지르면 가만

안 돼." 이렇게 표현을 억압당하다 보면 점차 화를 내는 것은 나쁜 행동이거나 화가 나도 표현하면 안 된다고 생각하게 된다. 간혹 아이가 누군가와 싸움을 해서 분하고 억울하고 화가 나 있는데 부모가 아무 일도 아니라고, 괜찮다고, 용서하라고 강요해도 감정을 표현하는 데 어려움을 겪는다. 화를 낼 만한 일이 아닌데 화를 내는 내가 이상한 사람인가 죄책감을 느끼기도 한다. 하지만 분노는 정당한 감정이다. 내가 분노를 느꼈다면 그럴 만한 이유가 나에게 있는 것이다. 때문에 일어난 분노를 억압하고 부정하며 제대로 해소하지 못한다면 마음에 문제를 남긴다.

모욕을 참을 수 없어

분노는 '우리의 기본적인 욕구 또는 권리가 침해되었거나 침해되려는 신호'로, 이로부터 '자신의 자존심을 보존'하려고 일어나는 감정이라 했다. 그런데 이 상황과 분노 사이에는 한 가지 감정이 더 있는데, 바로 '모욕' 혹은 '모멸'이라는 감정이다. 두 단어의 사전적인 의미는 '업신여겨 욕되게 하다'이다. 누군가, 혹은 어떤 상황이 나를 업신여기거나 무시하거나 욕되게 한다고 느껴지면 분노가 일어난다. 그리고 내가 모욕 받은 만큼 갚아주고 싶

모욕은 사실을 직시하지 않고 사람의 가치에 대한 사회적 평가를 저하시키는 추상적 판단이나 경멸적 감정의 표현이다. 모욕죄는 공연히 사람을 모욕함으로써 성립하는 범죄(형법 311조)로, 모욕을 형법의 죄로 규정하여 지키고자 하는 이유는 사람의 명예를 지키기 위해서다. 친고죄이기 때문에 6개월 이내에 고소해야 하며, 모욕죄가 성립하면 1년 이하의 징역이나 금고 또는 200만 원 이하의 벌금을 내야 한다.

은 '복수심'이 생기기도 한다.

교실에서도 많은 모욕적인 상황을 목격한다.

- ◆ 싫어하는 별명을 부르거나 놀린다.
- ◆ 외모와 성격을 비난한다.
- ◆ 손가락을 치켜세우거나 혀를 내밀며 조롱한다.
- ◆ 심한 욕설을 한다.
- ◆ 이유 없이 폭력을 행사한다.
- ◆ 뒷말을 한다.
- ◆ 가족을 비난한다.
- ◆ 누군가와 비교하며 깎아내린다.
- ◆ 못하는 것을 들춰내 비웃는다.

이런 순간에 어떻게 행동하는가? 모욕을 받은 순간 나도 모르게 폭언을 하거나 주먹을 휘두르는가? 너무 수치스러워 어쩔 줄을 모르거나, 화가 치밀어 말문이 막히거나, 아무 일도 없었다는 듯 자리를 피하는가? 무시하는 듯 행동을 한 뒤 며칠 동안 분이 안 풀려 끙끙 앓는 것은 아닌가? 상처 받은 마음에 그의 험담이나 뒷말을 하려고 애를 쓰고, 그의 SNS를 기웃거리지는 않는가? 내 힘으로는 그 모욕을 되돌려줄 수 없으니 제 풀에 까불다가 망신을 좀 당하든지 나쁜 일이 생기기를 간절히 바라지는 않는가? 아니면 그때그때 '나는 이런 이유로 너의 말이나 행동이 모욕적으로 느껴지니 멈추라.'고 말하는가?

어떤 사람은 모욕적인 상황인데도 크게 상처 받지 않고 흔들림 없이 대처하기도 한다. 오히려 재치 있고 멋진 말로 그 자리에서 모욕을 되돌려주기도 한다. 극작가인 마크 코넬리Marc Connelly는 누군가 자신의 벗겨진 머리를 쓰다듬으며 "마크, 자네 머리가 꼭 우리 마누라 엉덩이처럼 보드랍구먼."이라고 말했을 때 화를 내지 않았다. 대신 자신의 머리를 쓰다듬으며 "정말 똑같은데 그래."라고 답했다고 한다.

사실 모욕과 관련하여 더 닮고 싶은 사람은 모욕에 진정으로 무관심한 사람이다. 모욕에 대해 탐구해온 윌리엄 어빈William Irvine에 의하면 자존감이 높고 안정적인 자아상을 가진 사람이 이 부류에 속한다고 한다. 언제나 자신감이 넘치고 성공해도 칭찬을 기대하지 않고 실패해도 실망하지 않으며 과거의 업적을 내세우지 않고 미래의 영광도 예측하지 않는다. 즉 남들과 비교해서 우월감이나 열등감을 갖지 않고 현재의 자신에게 충실한 이들이 모욕에 민감하지 않아 상처를 입지 않는다. 그래서 분노의 감정에 쉽게 휘둘리지 않는다. 그러나 이런 이들이 지구상에 몇 명이나 될까?

만약 내가 너무 쉽게, 너무 자주 분노를 느낀다면 모욕에 예민

한 것인지도 모른다. 심리학이나 정신과 전문가들에 의하면 자존
감이 낮을수록 사회적 거부에 대해 고통과 모욕감을 더 크게 느낀
다고 한다. 때문에 같은 상황에서도 내가 남들보다 모욕감을 크게
느끼고 상처를 받고 화를 많이 낸다면 내적인 이유에 관심을 가질
필요가 있다.

　그리스 스토아학파는 모욕에서도 배울 점을 찾았다고 한다. 가
치관이 제대로 된 사람들이 하는 비판에는 귀 기울여서 자아 발
견의 도구로 활용했다는 것이다. 팟캐스트 방송을 하고 있는 한
정신분석학자는 자신의 방송 내용에 대해 비난을 한 청취자의 말
을 귀담아 듣겠다고 하며 "누군가가 나에게 편견이 있다고 비난
을 하면 내 안에 그런 인격이 있을 수 있다."고 말했다. 그 말은 매
우 인상적이었는데, 누군가가 나에게 잘난 척한다고 비난을 하면
"내가 언제 잘난 척을 했어? 어떻게 나한테 그런 소리를 해? 네가
이상한 거 아니야?"라고 반발하기보다는 내 안에 그런 면이 있는
지 생각해보겠다는 것이다. 나는 나를 잘 모르지만 남들 눈에는
그렇게 보일 수도 있다. 살다 보면 나에게 모진 소리를 하고 큰 비
난을 했던 사람들 덕분에 몰랐던 나를 발견하게 되는 경우도 있
다. 모욕조차도 자신을 변화시킬 도구로 삼을 수 있는 것이다.

　그러나 현실적으로 생각해보면 모욕과 관련하여 어려움을 겪
는 이들이 많다. 모욕을 당해 분노가 일어나는데 표현할 수 없어

참거나 숨기는 경우이다. 모욕을 준 상대가 나보다 강한 권력이나 힘을 가진 사람이라 두려워 참는 경우도 있다. 특히 무뚝뚝한 아버지, 선생님, 직장 상사, VIP 고객 등은 분노를 표현하기 힘든 대상이다. 이렇게 억누르고 참는 경우에는 시간이 지날수록 마음속 분노가 눈덩이처럼 불어난다. 자존감이 낮아지고 상대에 대한 미움이 커지면서 언젠가는 이 모욕과 분노를 돌려주고 싶다는 복수심에 시달리기도 한다. 복수심은 나에게 모욕을 준 상대에게 작동하기도 하지만, 아무 상관도 없는 제3자에게 발동되기도 한다. 모욕으로 인한 분노는 일시적인 것이 아니며 간혹 외상 후 스트레스 증후군을 일으킬 만큼 심각한 문제를 남긴다.

여기서 한 가지 짚고 넘어갈 것이 있다. 만약 내가 모욕에 비교적 건강하게 대처할 수 있는 사람이라고 치자. 그런데 학교 폭력과 같은 부당하고 지속적인 모욕을 목격한다면 어떻게 해야 할까? 내적으로 모욕에 무심해서 분노하지 않는 것과 부당한 것을 보고도 못 본 듯이 용인하는 것은 다른 문제이다. 인간의 존엄성과 권리를 침해하려는 움직임에 대해서는 분노를 표현해야 한다. 이때의 분노는 감정의 분노가 아니라 의지의 분노이다.

말을 바꾸면 이것은 인간성과 인권에 가해지는 모욕에 대해 분노한다는 뜻이다. 사실 나도 그렇고 주변에서도 많이 보지만, 개인적인 일에 감정적으로 분노하기보다 사회적으로 벌어지는 부당한 일에 분노하는 것은 쉽지 않다. 그래서 어떤 철학가는 이 시대를 분노가 사라진 시대라고 말하며 인권을 위해 모욕을 참지 말고 "분노하라"고 말하기도 했다. 그러한 장면을 목격하면서 망설이는 나를 보며 늘 소설가 박완서의 에세이집 『나는 왜 작은 일에만 분노하는가』를 떠올리곤 한다.

분노 – 자존심을 지키기 위한 정당함

"잘난 척 좀 그만해!"
때로는 타인에 의해 나를 발견하기도 한다.
모욕조차도 자신을 변화시킬 도구로 삼을 수 있다.

결투와 폭력

← ⌣

'모욕'하면 따라오는 단어가 하나 있는데, 바로 '결투'다. 흔히 유럽 중세를 배경으로 하는 영화나 소설을 보면 "나를 모욕하다 니 용서할 수 없다. 결투를 신청한다." 이런 대사가 많이 나온다. 결투의 목적은 모욕으로 인해 훼손된 자신의 명예를 되찾는 것이 었다. 중세 유럽에서는 결투 재판이라는 것이 있었는데, 증인이나 증거가 부족한 고소 사건을 해결하기 위해서 두 당사자가 결투를 통하여 사건을 해결하는 정식 제도였다. 15세기까지는 결투 재판 이 대부분 폐지되었지만 그 뒤로 개인과 개인 사이의 사투로서의 결투가 있었다. 급진적 철학자인 제러미 벤담Jeremy Bentham은 "결 투는 모욕이 명예에 각인시킨 오점을 완전히 지운다."고 결투의

분노 – 자존심을 지키기 위한 정당함

순기능을 역설했다. 이때 중요한 것은 무엇 때문에 결투를 하는가이다. 무조건 결투를 하는 것이 아니다. 두 사람 간의 진정한 견해 차이, 개인의 평판에 대한 심각하고 부적절한 비난, 잘못된 심한 비방이 있을 때 결투가 이뤄졌다. 그러다가 개인과 개인의 목숨을 건 결투는 19세기 중반을 전후로 거의 사라졌다.

사회적으로 개인적인 결투를 허용하지 않지만, 모욕을 받았다고 느끼면 결투를 하려는 사람들은 여전히 있다. 훼손된 명예를 회복하겠다는 것인데, 그중 어떤 것은 과연 이것이 결투를 벌일 만큼 모욕적인가 하는 의문을 갖게 한다.

끼어들기 등 상습적으로 보복 운전을 해온 40대 운전자에게 징역 8개월의 실형이 선고됐습니다. 최모 씨는 서울 올림픽대로에서 방향 지시등을 켜지 않고 끼어든 차에 격분해 위협 운전을 하다 교통사고를 내 재판에 넘겨졌습니다. (2014년 12월 29일 뉴스)

검찰 조사 결과 이 남자는 2011년부터 보복 운전을 해왔다고 한다. 주로 자신의 차 앞으로 끼어든 차량의 운전자에게 욕을 하거나 폭행을 한 것이다. 이번에는 한 차량이 방향 지시등을 켜지 않고 끼어들자 분노가 폭발하여 차선을 바꾸고 추월한 뒤 상대의 차량 앞으로 끼어들었다. 그래도 분이 풀리지 않아 갑자기 브레이

크를 밟아서 뒤 차량을 위협했다. 한 번, 두 번, 세 번. 그러다 사고를 냈다.

방향 지시등을 켜지 않고 끼어든 것은 분명 상대 차량 운전자의 잘못이다. 그가 위협을 느끼고 분노를 느낀 것은 당연하다. 그래서 이 괘씸한 운전자를 스스로 응징하기로 했는데, 이 부분부터는 정당하다고 볼 수 없다. 고속도로에서의 보복 운전은 생명과 신체에 중대한 위협이 된다. 남자는 상대 차량 운전자가 먼저 잘못해서 똑같이 행동한 것뿐이고 고의가 아니었다고 주장했지만 법원은 "위험한 물건인 승용차로 피해자를 협박했고 고의가 명백하다."고 판단했다. 분노는 개인의 감정이지만, 분노를 표현하는 것은 개인적인 문제라고 할 수 없다. 남자가 깊이 생각해야 하는 문제는 그 상황이 왜 그토록 모욕적으로 느껴지는가, 왜 그리 격분하는가, 왜 목숨을 건 방법으로 분노를 표현하는가, 왜 법적인 처벌을 받으면서도 반복되는가이다.

"욱하면 먼저 손이 나가요. 그 순간에는 아무 생각이 안 들어요. 그러면 안 된다고 생각하는데 고쳐지지 않아요. 나도 어쩔 수가 없어요."

동혁이는 중학교 2학년 남학생이다. 키가 170센티미터가 넘고

분노 – 자존심을 지키기 위한 정당함

힘도 세다. 공부도 잘하고 선생님과의 관계도 좋은 편인데 욱하는 성질이 문제다. 같은 학년 남학생 중 동혁이에게 안 맞아본 학생이 거의 없다. 그러다 어이없는 사고가 일어났다. 쉬는 시간에 가위 바위 보를 해서 손등치기 놀이를 하는데 친구가 세게 때리는 것이다. 한두 번은 참았는데 손뼈에 전기가 오르듯 너무 아픈 순간, 눈에서 불이 나는 것 같더니 어느새 주먹이 날아갔다. 친구는 119가 달려올 만큼 코피를 많이 흘렸는데 나중에 보니 눈가가 찢어지고 코뼈에도 금이 갔다고 한다.

중학교 남학생들의 흔한 폭력 장면이다. 장난으로 시작했는데 기분이 나빠지고 욱하는 성질이 올라와서 심한 폭력으로 이어지는 것이다. 동혁이는 작은 자극에도 기분이 상하고, 눈에 불이 번쩍 하는 순간 자신도 모르게 주먹을 뻗는다. 자신도 모르게 그렇게 되는 것이라 스스로도 어쩔 수가 없다는 것이다.

분노를 느끼면 공격하고자 하는 충동이 일어난다. 사춘기의 남자들은 호르몬의 변화가 심하고 전두엽이 다 발달하지 않아 충동성은 크고 판단력은 약하다. 또한 분노를 공격적으로 표현하는 것을 남자답다고 생각하는 경향도 있다. 그러나 이것은 잘못된 생각이다. 분노가 일어나고 공격하고자 하는 충동이 생기더라도 공격하지 않을 수 있다. 이것이 행동으로 옮겨졌을 때 벌어질 수 있는 상황에 대해 생각할 수 있다. 즉 분노를 표현할 것인가 말 것인가 선택할 수 있다는 것이다. 통제할 수 없는 것은 감정이지 행동이 아니다.

　모욕을 당한 것 같아서 욱하고 성질이 올라오고 주먹이 나가기 전에 한 가지 단계가 더 있다. 바로 '결정'이다. 내가 그 행동을 하겠다고 결정하는 단계가 있다. 동혁이처럼 욱하는 성질 때문에 어쩔 수 없이 주먹이 나간다고 말하는 것은 내 행동의 이유를 욱하는 성질에 돌리는 것이다. 어쩌면 많은 사람들이 감정이 강하면 행동을 조절할 수 없다고 학습 받았을 수 있다. 주변에 그런 어른을 통해서 또는 드라마나 영화를 통해서 모욕적인 상황에서는 즉각적으로 분노를 터트리며 주먹질을 하는 것이 남자답고 자연스러운 일이라고 배웠을 수 있다. 그러나 이제부터는 감정과 표현, 감정과 행동을 구분해야 한다. 동혁이의 폭력성은 모욕적인 상황에 좀 민감해서 남들보다 화가 더 많고, 행동은 감정에 휘둘릴 수밖에 없다고 생각하는 데서 비롯된다. 자신의 문제를 똑바로 바라봐야 툭하면 주먹을 쓰는 버릇에서 벗어날 수 있다.

　분노 - 자존심을 지키기 위한 정당함

격노 중독

미국의 가족치료사로 유명한 존 브래드쇼John Bradshaw는 자신의 저서 『수치심의 치유』에서 자신이 한때 '격노 중독'이었다고 고백했다. 격노는 '격한 분노', '극심한 분노', 영어로는 'Rage'이다. 심리학자들은 분노와 격노를 구분한다. 보통 사람들도 살다 보면 크게 화를 낼 때가 있다. "태어나서 그렇게 화를 낸 것은 처음이었어." 이런 경험들이 있다. 그러나 습관적으로 격노를 표출한다면 그것은 정상적인, 건강한 감정이 아니다.

"욱하면 뵈는 게 없다."

"그 순간 나도 모르게 다 때려 부쉈다. 정신을 차리고 보니 집 안이 엉망이었다."

우리는 주변에서 이런 얘기를 흔히 듣고, 또 보기도 한다. 그런데 존 브래드쇼 역시 이렇게 격노하는 사람이었다는 것이다.

"내 자신에 대해 좋은 느낌을 가지는 방법은 좋은 아빠가 되는 것으로, 아이들이 내 경계를 무시해도 내버려두었다. 나는 아이들에게 나를 희생하여 다 내주었고, 내 필요를 부정하는 것이 좋은 아빠라고 여겼다. 그러다가 막판에 무슨 일이 생기면 나는 격노하여 아이들과 아내에게 고함을 질렀다."*

그가 격노하는 이유는 좋은 아빠가 되기 위해 아이들이 버릇없이 대해도 꾹 참고, 자신이 원하는 것도 꾹 참다가 막판에 참지 못했기 때문이다. 그는 분노를 표현하는 것을 부끄러워하는 사람이었다. 화내는 모습을 남에게 보이는 것이 부끄러워 어떤 일이 있어도 참고 참았다가 막판에는 자신이 너무 훼손되다 보니 보호 기능이 발동하여 분통을 터트리는 것이다. 그의 격노는 아내와 아이들이 저항을 하면서 끝이 났고, 감정 표현을 연습하면서 나아졌다.

로버트 드 보드Robert de Board의 저서 『토드를 위한 심리 상담』에 나오는 토드는 엄격한 아버지와 자신을 아기로 취급하는 엄마 사이에서 자랐다. 아버지는 자신의 판단만을 믿었고, 다른 사람은 다 자기보다 못하다고 생각하는 사람이었다. 아들인 토드 역시

---

* 존 브래드쇼 『수치심의 치유』 157쪽에서 인용

분노 – 자존심을 지키기 위한 정당함

마음에 들지 않아 늘 야단을 쳤다. 언제나 토드의 실수를 기다리고 있던 사람처럼 즉각 분통을 터트렸다. 그런 아버지 밑에서 토드는 자신이 잘하는 것이 없는 사람이라 생각하게 되었다. 어른이 된 토드는 화를 잘 내지 않았다. 스스로는 자신이 아버지처럼 화를 내지 않는다는 것에 만족했지만 주변 사람들은 토드가 짜증이 많고 잘 토라지고 어린애 같다고 평하고 있었다. 짜증과 토라짐은 화를 분출시킬 수 없을 때 선택하는 심리학적 표현법이다. 그런 토드가 한번 격렬한 분노를 터트려 자제력을 잃고 주변을 엉망으로 만든 일이 있었는데, 그때 웬일인지 자부심이 들었다고 고백한다. 속에 쌓인 분노가 한꺼번에 분출되니 속이 후련하고, 화를 낼 수 있는 자신이 자랑스럽게 생각됐던 것이다. 토드는 그제야 자신이 이전에 왜 한 번도 화를 내지 못했는지 알았다. "내가 화가 나 있다는 걸 누가 알기라도 하면 벌을 받을 것 같은 느낌이 들었어요. 그래서 화가 나면 심한 죄책감이 들었어요."

이따금 자신도 모르게 격렬한 분노가 터져 나온다면 평상시 자신이 분노를 표현하지 못하고 꾹꾹 참고 있는 것은 아닌지 생각해볼 필요가 있다. 뜨거운 압력밥솥은 김을 빼준 뒤 뚜껑을 열어야지, 뚜껑부터 열면 터진다. 분노가 일어날 때 알맞은 방법으로 그때그때 표현하는 방법을 알게 되면 격노 중독에서 벗어날 수 있을 것이다.

지속되는 분노 — 복수심

웹툰으로 책으로 드라마로 인기를 끌었던 〈미생〉을 보면 이런 장면이 나온다. 종합 상사에 다니는 오 과장은 대형 마트에 물건을 납품하는 계약을 하기 위해 대형 마트의 변 부장을 만난다. 만나고 보니 이들은 고등학교 동창. 오 과장은 아주 반가워했고, 계약이 잘 성사되리라 믿었다. 그런데 변 부장은 '갑'이라는 지위를 이용해 오 과장을 냉대해 보내더니, 다시 술 한 잔 하자고 불러내 비싼 술을 주문해 마시고도 계약을 하지 않았다. 변 부장이 오 과장을 이렇게 함부로 대한 이유는 고등학교 때 오 과장이 도시락 반찬을 뺏어먹는 등 자신을 함부로 대했기 때문이었다. 오 과장은 기억하지 못하지만 변 부장은 고등학교 때 받은 마음의 상처가 그

분노 – 자존심을 지키기 위한 정당함

대로 남아 있었다. 그러다가 성인이 되어 다시 만나자 자신의 우월한 지위를 이용하여 복수를 한 것이다. 모욕을 받은 만큼 되돌려주고자 하는 마음, 그것이 '복수심'이다.

아주 흔한 경우 복수심은 매우 파괴적이다.

중학교에 올라와서 초등학교 때 같은 반이었던 서연이를 다시 만났다. 나는 깔끔한 편이 아니었던 데 비해 서연이는 공부를 잘했고, 예쁜 옷을 입었고, 친구가 많았다. 한번은 선생님이 나에게 목에 때가 있다고 말했다. 난 창피해서 어쩔 줄을 몰랐는데 서연이가 낄낄대고 웃으면서 "야, 비켜 더러워."라고 말했다. 서연이가 그렇게 말하니 남자애들도 한 명, 두 명 나한테 더럽다는 말을 했다. 그 후 내 별명은 더럼이가 되었고 따돌림을 받았다. 그런데 중학교에 와서 서연이를 다시 만난 것이다. (중학교 2학년 신보람)

중학교에 와서 지옥이 시작되었다. 내가 보람이에게 무슨 말을 했었는지 기억이 나지 않는데 내가 왕따를 시켰다고 소문을 낸다. 보람이와 같이 다니는 애들은 화장도 하고 목소리가 큰 편이다. 처음에는 나에게 욕을 하더니 수업 시간에 발표를 하면 야유를 하고, 내가 곤란한 상황이 되면 박수를 친다. 교과서를 쓰레기통에 넣고 체육복을 사물함에 숨겨두기도 한다. 자기들 카톡 상태 창에 나와 관련된 내용을 적기도 한다. 다른 아이들과도 점점 멀어지고 나와 말하는 친구가 한두 명으로 줄었다. 학교 생활이 점점 힘들어진다. (중학교 2학년 강서연)

보람이와 서연이의 좋지 않은 인연은 초등학교 4학년 때부터 시작됐다. 보람이는 목에 때가 많다는 선생님 말에 당황하고 수치심을 느꼈다. 친구들까지 놀려대자 모욕감을 느끼고 상처를 입었다. 그 중심에 서연이가 있었다. 하지만 서연이는 보람이와의 사연을 기억하지 못한다. 놀림, 왕따, 학교 폭력의 문제에 있어서 가해자가 느끼는 부정적인 감정은 피해자가 느끼는 부정적인 감정에 비해 쉽게 흐려진다. 피해자가 오래도록 그 기억에 묶여 괴로워하는 동안 가해자는 쉽게 잊는다. 서연이도 그런 편이었다. 보람이가 중학교에서 새로 사귄 친구에게 초등학교 때의 상처를 드러낸 것은 용기 있는 행동이었다. 그런데 이 사춘기 소녀들이 스스로 나서 보람이의 복수를 하기로 하면서 문제가 일어난 것이다. 보람이와 서연이의 관계는 심각할 정도로 악화되었다가 학교 폭력 방지 프로그램에서 '공감 수업'을 받으며 해결점을 찾아갔다. 선생님과 친구들에게 자신의 이야기를 할 시간이 생겼고, 역할극을 통해 피해자가 받는 고통을 경험하고 공감하는 시간을 가졌다. 피해 학생의 입장을 이해하는 친구가 생기고, 가해 학생들 중 몇 명이 서연

분노 – 자존심을 지키기 위한 정당함

이에게 사과를 했다. 서연이도 초등학교 때의 일을 사과했다. 두 아이가 받은 상처는 드러내서 이야기를 할 기회를 얻고 공감을 받으면서 치유되기 시작했는데, 거의 1년의 시간이 걸렸다.

이 변화에 있어서 주목할 만한 역할을 한 것은 주변에 있는 친구들이었다. 학교 폭력이나 왕따 사건에서 피해자와 가해자는 스스로 이 상황을 벗어나기 힘들다. 대부분의 학생들은 안타까운 마음이 있지만 '내가 뭘 할 수 있겠어', '괜히 나섰다가 나까지 왕따가 되면 어떡해', '미안하지만 모르는 척할 수밖에.'라고 생각한다. 대부분 이런 선택을 하는 경우 회피하는 마음속에는 수치심과 패배감이 쌓이고, 차츰 분노할 수 있는 힘을 잃게 된다. 그래서 학교 폭력에 있어서 방관자도 피해자라고 말하는 것이다. 이때의 분노는 감정이지만, 행동의 선택은 의지로 하는 것이다. 철학자 강신주의 말처럼 "분노는 최소한의 연대 의식, 혹은 유대감이 있는 사람들이 가질 수 있는 감정"이며, "우리라는 의식이 없다면 해악을 끼치는 강자에 대한 분노도 발생할 수 없는 것"이다. 피해자가 가해자가 되고, 가해자가 다시 피해자가 되는 학교 폭력의 고리를 끊기 위해서는 단속과 처벌보다 마음속에 남아 있는 모욕감과 상처, 분노를 해결할 기회가 필요하다.

피해자가 가해자가 되고
가해자가 다시 피해자가 되는
학교 폭력의 고리를 끊기 위해서는
단속과 처벌보다 마음속에 남아 있는
모욕감과 상처, 분노를
해결할 기회가 필요하다.

제3자를 향하는 분노의 질주

간혹 마음속에 숨어 있는 복수심은 제3자를 향한 공격성으로 나타나기도 한다. SNS의 부정적인 면이 바로 공격성을 분출하는 장소가 된다는 것이다. 최근에는 학생 간의 물리적인 폭력은 줄어들었지만 SNS를 통한 언어폭력과 정서 폭력이 늘고 있다고 한다. 사이버 공간에서는 서로 볼 수 없기 때문에 심한 말을 하기도 쉽다. 마주선 상태에서 상대의 얼굴을 보면서라면 그렇게까지 말할 수 없을 것이다.

2015년 1월 1일자 〈경향신문〉에는 다음과 같은 기사가 실렸다.

세월호 희생자 모욕 글 십대, 분향소 찾아 '사죄'

"제가 엄청난 일을 저질러 영정 보고 심각성 깨달아"

유족들 감동 "희망을 봤다"

4·16 세월호참사가족대책위 측에 따르면 대책위는 최근 ㄱ군 (18)과 ㄱ군 어머니로부터 한 통의 전화를 받았다. "선처를 받고 싶다."는 내용이었다. ㄱ군은 세월호 희생자와 가족을 비방하는 악성 댓글을 달아 지난해 8월 명예훼손과 모욕죄 등으로 고소됐다. ㄱ군 어머니는 "아들이 조사를 받으면서 무척 힘들어한다. 대학 입시도 준비해야 한다. 아이의 인생을 봐서라도 제발 선처해 달라."고 대책위에 호소했다. 며칠 후 어머니와 함께 분향소에 마련된 대책위 사무실에 나타난 ㄱ군은 표정 없이 "죄송합니다."라고 말했다. 세월호 유족들은 ㄱ군의 반성 없는 얼굴을 보고 실망하면서도 "여기까지 왔으니 분향소라도 한번 보고 가라."고 말했다. (…) 분향소로 간 ㄱ군은 한 시간도 채 지나지 않아 전혀 다른 얼굴이 돼 사무실로 돌아왔다. 새빨개진 얼굴에 눈물이 그렁그렁 맺혔다. "제가 엄청난 일을 저질렀습니다. 이렇게 심각한 일인 줄 몰랐어요. 정말로 죄송합니다." (…) ㄱ군은 지난해 자퇴하고 1년 동안 집 밖으로 나간 일이 거의 없었다. 친구들과의 관계에 어려움을 겪고 학교를 그만둔 ㄱ군에게는 일부 인터넷 사이트가 세상과 접촉하는 유일한 통로였다. ㄱ군은 "250명의 아이들 영정을 보고 (세월호 참사가) 얼마나 심각한 일인지 깨달았다."며 "나

분노 - 자존심을 지키기 위한 정당함

도 세월호 가족을 위해 할 수 있는 일을 찾아보겠다."고 말했다.

2014년 4월 16일 발생한 '세월호 침몰 사건.' 총 476명의 승객을 태우고 인천을 출발해 제주도로 항해하던 세월호는 진도 앞바다에서 침몰했다. 이 사건으로 300여 명이 사망하고, 9명이 실종됐다. 이 희생자에는 수학여행을 가던 단원고등학교 2학년 학생들이 많았다.

대부분의 국민이 가슴을 졸이며 한 명이라도 더 살아나오기를 바랐고, 부모의 눈물에 함께 눈물을 흘렸고, 허술하고 서툰 정부의 대응에 분노를 터트렸다. 그런데 이 사건을 보면서도 사망자와 실종자 가족을 모욕하는 유언비어, 악성 루머가 SNS를 중심으로 퍼져나갔다. 댓글을 단 네티즌 중 십대도 많았는데, 전문가들은 십대들이 타인의 주목을 받고 싶은 데다 학교생활과 가정생활에서 쌓인 스트레스를 해소하고 싶어서라고 분석했다. 익명성이 보장되는 사이버 공간에서 누군가를 공격하면서 후련함과 우월감을 느끼는 것이다.

사이버 공간에서 어떤 행동을 하느냐를 살펴보면 그 사람에게 숨겨져 있는 공격성을 알아챌 수 있다. 어떤 대상의 약점을 잡아 비웃고 싶고, 누가 안 좋은 일을 겪으면 고소하고, 악담을 하고 싶고, 욕을 적고 나면 속이 시원하고 통쾌한 마음이 드는가? 만약 그렇다면 내 안에 억압된 분노가 있는 것이다. 그런 나를 발견했다면 그 이유를 생각해 보고, 공격성을 건강하게 해소할 수 있는 방법을 찾아야 한다.

세월호 사건에 악성 댓글을 달아 고소당한 ㄱ군은 자기 또래의 친구들 250명의 영정 사진이 걸린 분향소를 방문하고서야 그것이 얼마나 심각하고 슬픈 일인지를 알았다고 했다. 나에게 아무 잘못도 하지 않은 제3자에게 나의 분노를 분출하는 것은 비겁한 일이다.

분노 – 자존심을 지키기 위한 정당함

분노를 해결하기

"옷 바꿔줘"… 백화점 직원에 따귀 때린 '갑질' 등장

일명 '백화점 모녀 갑질' 논란이 채 식기도 전에 또 다른 백화점 '갑질' 사건이 등장했다. 지난 5일 오후 7시쯤 대구에 있는 모 백화점 3층에 있는 여성 의류 매장에서 발생했다. 이 여성은 자신이 구입한 옷을 교환하기 위해 매장을 찾았다. 하지만 직원들이 옷에 립스틱이 묻어서 교환이 어렵다고 설명하자 카운터에 있는 물건과 옷을 바닥으로 던지며 행패를 부렸다. 이 여성은 "놔, 놓으라고. 어디 손을 잡아, 이게."라고 소리를 지르다 급기야 직원의 뺨을 때렸다. 이 여성은 결국 옷을 교환했지만 분이 풀리지 않았는지 다시 매장을 찾아와 "왜 진작 교환해주지 않았느냐."고 따졌

다. 직원들은 끝까지 이 여성을 "고객 님"이라고 부르며 제대로 항의조차 못 하고 당하기만 한 것으로 알려졌다. 경찰은 점원이 여성 고객으로부터 폭행을 당해 처벌을 원한다는 진술을 확보했으며, 이르면 다음 주에 불러서 조사할 예정이다. (2015.1.8 뉴스)

포스코 임원 "라면이 너무 짜" 승무원 얼굴에… '경악'
한 대기업 임원이 비행기 안에서 라면을 다시 끓여오라며 승무원을 폭행해 물의를 빚고 있다. 21일 대한항공에 따르면 포스코에너지 임원(상무)으로 알려진 A씨가 지난 15일 대한항공 LA행 항공편에 탑승해 "기내식을 입맛에 맞춰 가져오지 않는다."며 승무원을 폭행한 것으로 전해졌다. A씨는 기내식으로 나오는 밥이 제대로 익지 않았다며 라면을 끓여줄 것을 요구, 수차례 라면을 다시 끓여 제공했으나 입맛에 맞지 않는다며 이 같은 행동을 저질렀다. 이에 대한항공 측은 해당 사실을 신고했고, 비행기 착륙 직후 미국 연방수사국FBI 요원들이 해당 임원을 잡아 '입국 후 구속 수사'와 '입국 포기 후 귀국' 중 하나를 선택하도록 제시, A씨는 입국을 포기하고 한국으로 돌아온 것으로 알려졌다. 이 같은 사실이 SNS를 통해 알려지자 네티즌들은 국제 망신이라며 비난을 쏟아냈고, 포스코와 포스코에너지 측은 공식 사과와 더불어 자체 조사에 나섰다. (2013.4.22 뉴스)

분노-자존심을 지키기 위한 정당함

2013년부터 뉴스에 자주 '갑질'이라는 단어가 등장한다. 대기업의 갑질, 조직 총수의 갑질, 상사의 갑질, 교수의 갑질, 집주인의 갑질, 아파트 입주민의 갑질 등 갑질의 종류는 참 다양하기도 하다. 갑질은 원래 '갑을관계'에서 나온 말인데, 갑을이란 계약서상의 계약자를 지칭한다. 관용적으로 '갑'은 상대적으로 지위가 높은 계약자를 지칭하고, '을'은 상대적으로 지위가 낮은 계약자를 지칭한다. 그런데 최근에는 계약 관계가 아니더라도 상대적으로 지위가 높은 쪽을 '갑'이라 한다.

예를 들면 백화점이나 마트에서는 고객이 '갑', 매장 직원은 '을', 콜센터에서 문의자는 '갑', 직원은 '을'이 된다. 갑이 지위를 믿고 을에게 함부로 대하는 것이 '갑질'이다. 백화점 고객에게 무조건 친절해야 하고, 고객의 불평이 접수되면 상사에게 지적을 당하고 근무 평가도 나빠진다는 약점을 가진 유통업체 직원들. 고객은 상대적으로 자신이 강자라고 생각하면서 성질대로 막말, 폭행을 하고 갖은 모욕을 주는 것이다. 전화기 너머에서 반말하고 고함치고 욕설을 하고 비난하고 조롱하기도 하고, 주유소에서 카드나 돈을 던져서 주기도 하며, 성적 수치심을 일으키는 농담을 아무렇지도 않게 한다.

도대체 왜들 이러는 걸까? 솔직히 사람들은 여러 가지 기준으로 사람의 지위를 판단하고 평가한다. 그러한 의식을 바탕으로 자신보다 한 수 아래로 보는 것이 갑질의 근원이다. 끊임없이 나는 누구보다는 높고 누구보다는 낮다는 걸 인식하면서 자신보다 못하다고 생각되는 사람 앞에서는 당당하고, 그 반대의 경우에는 한없이 열등감을 느낀다. 그렇게 한쪽에서 받은 상처, 모욕, 분노를 자신보다 낮다고 생각되는 사람에게 퍼부어서 심리적 보상을 받는 것이다.

문제는 이런 사람들로부터 모욕을 받고 참아야 하는 사람들이다. 실제 자신이 느끼는 감정과 무관하게 일을 해야 하는 노동을 '감정 노동Emotional Labor', 감정 노동을 하는 사람을 '감정 노동자'라고 한다. 잘못한 것이 없는데도 계속 죄송하다고 머리를 숙여야 하고, 무릎을 꿇으라면 꿇어야 하니 감정적 스트레스를 받을 수밖에 없다. 그러다 보니 감정 노동자의 26.6%가 심리 상담이 필요할 정도로 심한 우울증에 시달린다고 한다. 최근에는 감정 노동의 스트레스로 생긴 우울증, 공황 장애 등 정신 질환을 산재로 인정한다.

이것은 개인의 문제가 아니라 사회 공동의 문제이다. 감정 노동자에게 무조건 참으라고 할 문제가 아니며, 과도하게 모욕을 주는 고객은 법적으로 제재를 해야 한다. 서비스업 종사자를 노동자가 아니라 하인처럼 대하는 문화는 기업의 이익을 위한 것이다. 무슨 일을 당하든 꾹 참고 물건을 팔지 않으면 능력이 없는 것

분노−자존심을 지키기 위한 정당함

으로 간주하고 '미소 여왕', '이달의 친절 사원'처럼 감정 생산에 경쟁을 도입해 감정의 도구화를 부추긴다. 이것은 사회적인 폭력이고, 구조적인 문제이다. 구조를 바꿔나가지 않으면 해결되지 않는다.

감정 노동 스트레스는 해결되지 않으면 어디론가 흘러갈 것이다. 살다 보면 우리는 갑이 되기도 하고 을이 되기도 한다. 을의 입장일 때 분노의 감정을 억압하고 쌓아두다 갑의 입장이 되어서 무작위로 분노를 폭발하면 이 사회는 해소하지 못한 분노가 출렁출렁 흘러 다니는 분노의 바다가 될 것이다. 나의 분노와 아무 상관 없는 제3의 약자에게 분노를 표출하는 비겁함과, 분노를 억압하는 억울함이 흐르는 사회는 아주 위험하고 불행한 사회다.

분노의 '갑질'은 선택된 행동이다. 자신이 받은 모욕과 모멸감, 그리고 분노를 해소하기 위해 분노를 퍼부을 만한 대상이라고 '판단'된 사람에게 폭력적인 행동을 하기로 '선택'한 것이다. 반대로 누군가의 정의롭지 못한 행동을 보고 분노를 표현하는 것 역시 선택된 행동이다. 어떤 행동을 선택할 것인가는 내가 결정하는 일이다.

비폭력대화

말은 내용뿐만 아니라 어떻게 전달하느냐, 즉 말하는 방법도 중요하다. 당장 좋은 방법으로 말하기 힘들다면 '나사감바'를 따라 해보는 것도 좋다. 교육 프로그램을 진행할 때 학생들에게 소개했던 방법인데, 쉽게 따라 하기는 힘들지만 효과가 있었다.

대화를 할 때 '너는'이 아니라 '나는'으로 시작하고, 판단이 아니라 '사실'을 말하며 당시에 느낀 '감정'과 내가 '바라는 점'을 이야기하는 것이다.

"너는 왜 맨날 약속 시간에 늦는 거야? 네 시간만 중요하고 내 시간은 아무것도 아니냐? 앞으로도 계속 이럴 거면 다시는 너 안 만나." 이 표현을 나사감바로 바꿔보면, "나는 여기서 오래 기다렸어. 한 시간이 지났어. 기다리면서 네가 내 시간을 중요하지 않게 생각하는 것 같아 화가 났어. 앞으로는 늦지 않았으면 좋겠어."

가 된다.

처음에는 나사감바에 맞춰서 말하는 것이 지루하고 힘들지만, 계속하다 보면 그동안 자신이 얼마나 분노를 즉각적이고 충동적으로 표현해왔는지 알게 된다.

평화적인 의사소통 방법을 연구하고 발전시킨 마셜 로젠버그 Marshall B. Rosenburg가 제창한 '비폭력대화'도 분노를 표현하는 데 도움이 된다. 우선 다른 사람을 분노의 책임에서 분리시키는 것이다. "그 사람이 나를 화나게 했어."가 아니라 "그 사람이 나를 자극했어."로 말을 해보면 그 사람에 집중하지 않고 내가 자극받은 부분이 무엇인지 알게 된다. 또한 "그 사람들이 ~했기 때문에 화가 난다."는 "나는 ~이 필요/중요하기 때문에 화가 난다."로 표현해보면 내가 필요로 하는 것이 무엇인지 알게 된다.

예를 들어 엄마에게 다음날 학교에 가져갈 준비물을 사달라고 부탁을 했는데 엄마가 그것을 잊었다고 치자. "내가 엄마 때문에 못살아. 엄마 때문에 화가 나잖아요."라고 화를 벌컥 낼 수 있다. 하지만 내가 화난 이유와 원하는 것을 포함해서 이야기하면, "난 그 준비물이 없으면 학교에서 불편해. 엄마가 나한테 신경을 안 써서 화가 나요. 신경을 좀 더 써줬으면 좋겠어요."라고 할 수 있다. 이렇게 되면 분노라는 에너지가 남을 탓하고 욕하는 데 쓰이지 않고 내가 원하는 것을 이루는 데 쓰이게 된다.

분노 – 자존심을 지키기 위한 정당함

소 중 한 것 과 이 별 한 상 실 의 고 통

네 번째 감정

슬픔

이별 그까짓 거

몇 년 전 겨울, 가족끼리 숭어 낚시터에 갔을 때이다. 낚시를 마칠 무렵 우리는 화장실에 다녀오느라 잠깐 자리를 비웠다. 돌아왔더니 이미 낚시터는 폐장을 했고, 빙판 위에 놓고 갔던 물건들은 쓰레기로 보였는지 모두 수거를 하여 소각통에 던져 넣어진 상태였다. 다른 건 크게 상관없었지만 여덟 살 조카의 장갑과 목도리가 문제였다. 소각통을 뒤져 겨우 찾았는데 이미 그슬려서 못쓰게 돼버렸다. 선물 받은 것이었고, 몇 개의 장갑과 목도리 중에 조카가 가장 좋아하는 것이라 마음이 쓰였다. "왜 남의 걸 막 버려." 하며 화를 내는 아이에게 눈치도 없이 "괜찮아. 가다가 이거랑 똑같은 거 사줄게."라고 말해버렸다. 그런데 조카는 울음을 터트리더

슬픔 – 소중한 것과 이별한 상실의 고통

니 꺼이꺼이 우는 것이다. 그제야 나는 이 작은 사건이 아이에게
는 괜찮은 일이 아니고, 똑같은 장갑과 목도리와는 대체가 안 되
는 굉장히 소중한 것과 아이가 이별했다는 것을 알았다.

　나에게도 그런 기억이 있다. 집에서 기르던 강아지가 있었는
데, 이름이 쫑이었다. 지금처럼 족보가 있는 애완견이 아니었고,
마당에 풀어놓고 길렀다. 어느 동요의 한 구절처럼 학교 갈 때 인
사하면 멍멍멍, 학교 갔다 돌아오면 멍멍멍, 제일 먼저 달려 나오
는 친구였다. 그런데 어느 날 학교에서 돌아와 보니 쫑이 없었다.
할머니가 쫑을 팔아먹은 것이다. 쫑을 팔아먹은 할머니가 밉고,
팔려간 쫑이 너무 불쌍하고, 꼬리치며 달려오던 모습이 그리워 많
이 울었다. 성인이 되어 보니 그런 일을 겪은 것이 나만은 아니었
다. 한 친구는 개를 팔아버린 아버지에 대한 반항으로 개집에서
살겠다고 말했다가 몇 대 맞았다고 했다. 어른들은 갑작스럽게 친
구와 이별한 아이들의 마음을 헤아려주지 않았다. 개와의 이별쯤
은 아무렇지도 않게 생각되던 시절이었다.

　슬픔과 관련된 '애도의 5단계' 이론을 제안한 스위스의 심리
학자 엘리자베스 퀴블러 로스Elizabeth Kubler Ross에게도 비슷한 경
험이 있었다고 한다. 어렸을 때 집에서 토끼를 키웠는데 풀을 베
다 먹이는 일은 어린 퀴블러의 일이었다. 그러던 어느 날, 아버지
가 푸줏간에 가서 토끼를 잡아오라고 시켰다. 퀴블러는 도망가라

고 토끼를 놓아주었지만 토끼는 곧 그의 품으로 뛰어들었다. 아버지는 다시 잡아오라고 윽박질렀고, 퀴블러는 토끼를 안고 울면서 푸줏간으로 갔다. 얼마 후 토끼는 죽어서 자루에 담겨 나왔다. 그날 밤 저녁 시간에 가족들은 토끼 고기를 맛있게 먹었고, 그의 눈에 가족들이 모두 식인종으로 보였다. 이 순간 퀴블러는 "왜 내 토끼를 죽였어요? 내 토끼를 먹으니 맛있어요? 어떻게 이럴 수가 있어요?"라고 화를 내며 엉엉 울었어야 했다. 그렇게 이별의 상처를 표현했어야 했다. 그러나 퀴블러는 너무 큰 충격으로 아무 말도 하지 못하고 울지도 못했다. 이별의 상처를 어떻게 해야 할지 몰라 그저 꾹꾹 억눌렀던 퀴블러는 그 후 40년 동안 어떤 이별에도 울지 않았다고 한다. 그날의 아버지를 떠올리게 하는 상황에서 감정이 폭발하기 전까지 말이다.

슬픔은 기본적으로 소중하게 여기는 물건이나 사람과 이별했을 때 느끼는 감정이다. 애지중지 아끼던 물건을 잃어버렸을 때, 사랑하는 사람을 잃었을 때 가슴이 무너지거나 울고 싶은 감정, 결국 눈물을 터트리게 하는 감정이 슬픔이다. 슬픔은 이별과 관련이 있는 감정이다. 어떤 관계가 끊어지면 우리는 슬픔을 만나게 된다. 이 중 가장 강력한 슬픔은 사랑하는 사람이 죽어 영원히 이별을 할 때 찾아올 것이다.

〈님아, 그 강을 건너지 마오〉라는 독립 영화가 있다. 89세 할머

슬픔 - 소중한 것과 이별한 상실의 고통

니와 98세 할아버지 부부, 결혼한 지 76년째 되는 노부부는 자식들을 모두 도시로 떠나보내고 서로 의지하며 살아간다. 어딜 가든 고운 커플 한복을 맞춰 입고 손을 꼭 잡고 걸으며, 겨울에는 장난스럽게 눈싸움도 한다. 그런데 어느 날부터 할아버지의 기력이 약해져 가자 할머니는 할아버지가 떠날 것을 직감하며 이별을 준비한다. 76년 동안 함께 살아온 사람을 떠나보낸 마음의 자리는 도대체 어떻게 생겼을까? 상상도 되지 않는다. 20년을 함께한 어느 부부는 영화를 무척 좋아함에도 유독 이 영화만은 보지 못했다. 결국에는 죽음으로 헤어져야 한다는 사실을 확인한 후 밀려올 슬픔을 감당할 수 없을 것 같다는 것이다. 지극하게 깊은 사랑은 기본적으로 아픔이나 슬픔과 연결되어 있다. 어떤 만남도 이별을 피할 수는 없다.

우리는 살아가면서 많은 이별을 한다. 친구가 전학을 가기도 하고 이성 친구와 사귀다 헤어지기도 한다. 그런데 최근 청소년들은 이별을 대수롭지 않게 생각하는 것 같다. 그들의 대표적인 표현이 '쿨' 하게 헤어진다는 말이다. 어학 사전에 'cool─하다'는 "성격이나 언행이 꾸물거리거나 답답하지 않고, 거슬리는 것 없이 시원시원하다."고 나와 있다. 이렇게 일처리를 할 수는 있으나 이렇게 헤어질 수 있을까? 그런데 요즘 젊은이들이 나오는 토크 프로그램을 보다 보면 전부 다 그런 것 같지는 않다. 상처를 입을까 봐 두려워 깊은 연애 감정을 갖지 못하고 가벼운 관계의 '썸'을 타거나, 헤어져 힘들면서도 쿨 해야 멋있는 것 같아서 쿨 한 척하기도 한다. 혹은 다들 쿨, 쿨 하니 이별은 원래 쿨 한 걸로 생각하기도 한다. 그러나 이별과 쿨은 어울리지 않는 말이다.

슬픔－소중한 것과 이별한 상실의 고통

영원한 이별

이별 중 가장 고통스러운 것은 사랑하는 사람과 '죽음'으로 헤어지는 것이 아닐까 한다. 직접 경험해보지 못한 이들은 머리로 이해할 뿐, 슬픔의 실체를 모를 것이다.

2014년 세월호 참사가 일어났을 때, 한 정신과 의사가 방송에서 절대 해서는 안 될 세 가지 말을 일러주었다. "이 모든 것이 신의 뜻입니다", "산 사람은 살아야지요", "시간이 약이겠지요." 자식이 세상을 떠났다는 것을 인정할 수 없고 실감하지 못하는 사람들에게 죽음을 당연한 일로 받아들이고 시간이 지나면 잊힐 것이라 말하는 것은 무척 잔인한 일이다.

이별한다는 것은 사랑하는 대상과의 관계가 끊어진다는 것을 의미한다. 그와 함께했던 시간이 단절되고, 앞으로 같이할 수 있는 시간이 사라진다. 마음에는 관계가 끊어진 자리가 남게 되는데, 이곳에 고통과 슬픔이 채워진다. 사람에 따라 그 끊어진 자리는 큰 동공이기도 하고 블랙홀이기도 하며 자신의 전체이기도 하다. 비어버린 그 자리를 감당할 수 없는 사람들에게 어설픈 위로는 도움이 안 된다.

상가喪家에 조문을 가면 흔히 하는 인사말이 있다. "삼가 고인의 명복을 빕니다."는 돌아가신 분이 저세상에서 복 받기를 기원한다는 뜻으로 고인에 대해 인사를 하는 것이다. "○○을 잃었으니 얼마나 애통하십니까?"는 사랑하는 사람을 잃은 당신의 슬픈 마음에 공감한다는 의미이다. 어설픈 위로보다는 이 전통적인 인사법이 사람의 마음을 상하게 하지 않는다.

사랑하는 사람이 죽었다는 사실은 당장 받아들이기 힘들고 오랜 시간이 걸리며, 그 과정에서 극심한 감정의 고통이 따른다. 아버지가 오래도록 병을 앓아서 이별을 충분히 예상하고 마음의 준비도 했던 친구가 있었다. 아버지 장례식장에서는 맏딸답게 의젓했고, 장례를 마치고는 찾아왔던 조문객에게 작은 답례품을 보낼 만큼 안정적이었다. 평상시와 다름없이 생활했고, 기력이 떨어진 어머니를 정기적으로 병원에 모시고 다니기도 했다. 그런데 석 달쯤 지났을 때 갑작스럽게 무기력증을 호소해왔다. 잠들지 못하는

슬픔 - 소중한 것과 이별한 상실의 고통

날이 많아졌고, 밥을 삼키거나 신발을 신는 일 같은 일상적인 생활이 힘들어졌다. 그즈음 친구가 가장 많이 했던 말은 "견딜 수가 없어."였다. 죽음으로 헤어질 것을 충분히 예감하고 있었다 해도 이별은 큰 상실감을 안긴다. 주변에서 누군가 죽음으로 사랑하는 이와 이별했다면 깊은 고통의 강을 건너고 있다는 것을 잊지 말아야 한다.

갑작스러운 사고로 인한 죽음, 누군가에게 책임을 물어야 하는 사고로 인한 죽음은 이보다 더 충격적이다. 이런 일이 벌어진 것에 대한 분노, 사실이 아닐 것이라고 뭔가 잘못됐다고 생각하는 부정과 저항, 내가 잘못해서 이런 일이 생긴 것 같은 죄책감, 버림받았다는 수치심과 무기력감, 사랑하는 사람이 없이 살아야 한다는 불안감과 우울감. 인간에게 주어진 모든 부정적이고 고통스러운 감정을 다 겪고 나서야 비로소 상실을 받아들이게 된다고 한다.

상실을 받아들이면 상처는 치유될까? 그렇지 않다. 다만 상처를 바라보는 나의 감정이 연해질 뿐, 상처는 그대로이다. 그러니 세월호처럼 엄청난 사건을 겪은 유족들에게 "그만 잊어라", "아직도 끝나지 않았냐", "그만큼 했으면 충분하다", "보상금도 나오지 않느냐."라는 말이나 악의적인 댓글을 다는 것은 상처에 소금을 뿌리는 일이며, 씻을 수 없는 죄를 짓는 일이다. 사랑하는 존재와 이별한 사람의 고통 앞에서는 숙연할 줄 알아야 한다.

슬픔의 몇 가지 얼굴

상실과 관련된 감정을 밖으로 표현하고, 심리적으로 변화하고, 그리하여 상실을 인정하게 되는 과정을 통틀어 '애도 작업'이라고 한다. 프로이드Sigmund Freud는 "사랑하는 사람을 잃거나 국가, 자유, 이상 등 우리 안에 자리 잡은 추상적인 것을 상실한 것에 대한 반응"을 애도라고 말했다. 그러니까 사랑하는 사람뿐 아니라 이상과 가치를 잃었을 때도 애도가 필요하다고 본 것이다.

심리학이나 정신분석가들은 수많은 애도 이론을 정리했는데, 그중 가장 널리 알려진 것은 스위스의 엘리자베스 퀴블러 로스가 제안한 '부정, 분노, 타협, 우울, 수용'의 5단계 이론이다. 처음에는 죽음을 앞둔 사람이 죽음을 받아들이기까지의 마음 상태를 이르는 것이었는데, 사랑하는 사람을 떠나보내거나 이별했을 때의 마음도 크게 다르지 않아 애도 이론으로 확장된 것이다. 물론 이별을 했을 때 이 다섯 단계의 감정을 모두 거치거나 정해진 순서대로 겪는 것은 아니며, 사람에 따라 부정에서 수용에 이르기까지 기간도 다르다고 한다.

이별의 경험이 없더라도 다섯 가지 감정에 대해 이해를 해볼 수 있지 않을까?

1. 부정denial—말도 안 돼. 이런 일이 일어날 리 없어.
2. 분노anger—어떻게 이런 일이 있을 수 있어. 내가 뭘 잘못했다고.
3. 타협bargaining—이 상황을 되돌릴 수 있다면 난 무엇이든 할 거야.
4. 우울depression—밥을 먹을 수도, 잠을 잘 수도 없어.
5. 수용acceptance—이게 나에게 벌어진 일이야.

신시아 라일런트Cynthia Rylant가 지은 소설 『그리운 메이 아줌마』는 사랑하는 존재와 이별한 뒤 슬픔을 극복해 나가는 이야기이다. 고아가 되어 이 집, 저 집 친척집을 떠돌며 살아온 써머는 여섯 살에 메이 아줌마와 오브 아저씨를 만나 함께 살게 된다. 가난한 살림에 몸도 건강한 편은 아니었지만 온통 사랑으로 채워진 것처럼 상냥한 아줌마, 아저씨와 써머는 행복한 생활을 한다. 그러나 이 행복은 6년 후 어느 날 메이 아줌마가 돌아가시면서 끝이 난다. 장례를 치르고 몇 달이 지난 뒤, 오브 아저씨는 계속 아줌마가 옆에 있는 것처럼 느끼고 접선을 시도하려고 한다. "메이가 여기에 있었어. 지금도 있어. 바로 여기에 말이야", "벌써 며칠 전부터 집에 돌아와 진짜로 우리와 함께 있어", "하느님께 맹세해. 난 느낄 수 있어." 아줌마가 어떤 모습이었는지 묻는 써머에게 아저씨는 예전에 오하이오에 사는 친척들을 만나러 가기 위해 짐을 꾸릴 때와 같았다고 대답한다. 어쩌면 오브 아저씨는 메이 아줌마의 죽음이 오하이오에 잠깐 다녀오는 정도의 부재였으면 하고 바랐던 것은 아닐까. 그는 메이 아줌마가 이제 곁에 없다는 것을 받아들이지 못하고 사실을 부정한다.

사랑하는 존재를 잃고 분노를 느끼는 경우는 많이 볼 수 있다. 그 분노는 사랑하는 존재를 위험에 빠트린 사회 시스템을 향할 수도 있고, 위험에서 구하지 못한 사회 구성원을 향할 수도 있다. 분노는 나의 이별에 책임이 있다고 생각하는 사람들에게 향한다. 상실을 경험한 많은 사람들, 그리고 심리학이나 정신분석가들이 이별 후 애도 과정을 강조하는 이유는 애도하지 못하면 '마음의 문제'를 남기기 때문이다. 프로이드는 그의 논문 『애도와 우울증』에

슬픔－소중한 것과 이별한 상실의 고통

서 "어떤 사람들의 경우에는 똑같은 종류의 상실이 슬픔을 유발하는 것이 아니라 우울증을 유발한다."고 말하며 슬픔과 우울증을 구분했다. 애도 과정에서의 우울함을 병으로 해석하여 비판받기도 했지만, 이별이 심리적 문제를 일으킬 수 있다는 사실을 최초로 제안한 이론이었다. 프로이드의 애도 작업은 자신이 사랑하는 존재를 잃었다는 점을 인정하고 잘 받아들이기 위한 것이다. 즉 그의 애도 작업은 궁극적으로 남은 사람의 삶을 위한 것이다.

미국 심리학자인 리처드 래저러스에 따르면 슬픔은 "복구 불가능한 상실에 굴복하는 것"이며, 베레나 카스트Verena Kast에 의하면 "애도하는 사람이 자기가 누구를 상실했는지, 무엇을 상실했는지 아는" 것이라고 한다. 예를 들어 사랑하는 사람과 헤어졌다는 것은 그 사람에게 받던 사랑, 돌봄, 보호, 따뜻함, 편안함, 즐거움은 물론 함께 꿈꾸었던 미래도 잃은 것이다. 그 모든 상실을 받아들일 때, 그것이 나에게 완전히 없다는 것을 받아들일 때의 감정이 슬픔이다.

반면 우울증의 경우에는 "누구를 잃었는지 알지만 무엇을 잃었는지 모른다."는 것이다. 누군가를 잃은 것은 알지만 그가 주던 사랑과 돌봄, 따뜻함, 편안함까지 사라졌다는 것은 인정하지 못한다. 그 사랑, 돌봄, 따뜻함, 편안함이 없어서 괴롭고 힘들다면 그것은 우울함이라는 것이다. 다시 말하면 이별로 인한 상처에서 헤어

172

나지 못할 때 우울에 빠진다. "왜 나를 떠났느냐. 왜 나한테 아픔을 주고 갔느냐. 나는 이 아픔을 견딜 수가 없다."라는 원망, 더 이상 희망이 없다는 절망감을 내포하는 것이 우울이다.

이 감정들은 모두 슬픔의 다른 얼굴이다. 이별 뒤에 찾아오는 고통은 누가 대신 해결해줄 수도 없고, 그것으로부터 도망칠 곳도 없다. 언제 끝날지 모르는 터널을 지나는 듯 견디기 힘들지만 모두 겪어내야 한다. 헬렌 켈러Helen Keller의 말처럼 다른 편으로 가는 유일한 길은 통과하는 것뿐이다.

슬픔 – 소중한 것과 이별한 상실의 고통

이별 뒤에 찾아오는 고통은
누가 대신 해결해줄 수도 없고,
그것으로부터 도망칠 곳도 없다.
언제 끝날지 모르는 터널을 지나는 듯
견디기 힘들지만 모두 겪어내야 한다.
다른 편으로 가는 유일한 길은
통과하는 것뿐이다.

애도와 눈물

'애도 이론' 대로라면 이별을 경험한 사람들은 결국 이별의 아픔을 딛고 슬픔을 극복할 수 있다. 그러나 제대로 애도를 하는 경우는 별로 없는 듯하다. 청소년 상담을 전문으로 하는 정신과 의사의 칼럼을 보면 애도가 얼마나 어려운 일인지 알 수 있다.

교통사고로 동생을 잃은 형은 컴퓨터 게임에만 몰두했다. 속없어 보이는 형의 행동에 부모는 더욱 화가 났고, 형을 향해 온갖 분노를 다 쏟아냈다. 눈물 한 방울 없는 인정머리 없는 놈, 어떻게든 동생 몫까지 잘할 생각은 하지 않고 밤낮으로 게임만 붙잡고 있는 정신머리 없는 놈, 나는 어떻게 살라고 너까지 그러는 거냐.

슬픔 – 소중한 것과 이별한 상실의 고통

그러나 형은 부모의 하소연은 귓등으로도 듣지 않았다. 부모와의 갈등은 점점 깊어졌다. 상담 과정에서 형은 동생에게 잘못했던 일들을 떠올리며 너무 미안하다며 눈물을 흘렸다. 도대체 동생에게 무슨 일이 일어났는지 모르겠고, 동생이 없다는 것을 실감할 수 없고, 이 상황을 받아들일 수 없는 시간들. 그 시간에 형은 게임 외에 할 수 있는 게 없었다. 그러나 동생을 추억하고, 동생에 대한 이야기를 나누고, 미안함에 눈물을 흘리며 형은 동생의 부재를 받아들였다.

정신과 의사 정혜신 박사는 2015년 자신의 페이스북에 '세월호 어느 희생 학생의 오빠'라는 제목의 글을 올렸다.

─죽을 만큼 힘들어하는 엄마를 보호하려면 자기는 집에선 눈물 한 방울 보이면 안 된다고 꿋꿋이 버텨온 아이. 상처 입은 감정을 꺼내지 못하는 그 마음을 몸이 대신 앓느라 설사와 복통이 오랫동안 반복되면서 몸이 반쪽이 된 아이. 상담 중에 그 아이가 단원고 교복을 입은 일베의 사진과 글에 대해 얘기하다가 처음으로 눈물을 흘렸습니다. "선생님 서러워요. 왜 이렇게 조롱을 받아야 하나요." 아이가 처음으로 펑펑 울었습니다.

그토록 끔찍한 일을 겪으면서도 감정을 꾹꾹 누르며 절대 울지 않았던 희생자의 오빠는 '어묵 인증샷'을 보고 결국 무너지고 만 것이다. 이 사진은 세월호 사건으로 사망한 학생들의 학교 교복을 입고 어묵을 먹으며 일베를 상징하는 손가락 모양을 한 뒤 찍은 것이었다. 그리고 "친구 먹었다."라는 글을 남겼다. 바다에 빠져 죽은 아이들이 물고기에게 먹히고, 그 물고기로 만든 어묵을 먹는다는 의미였다. 이게 도대체 사람이 할 수 있는 일인가. 이 사진을 찍어서 올린 20세 김 모씨와 이를 제안한 30세 조 모씨에게 단원고 교장과 4·16가족협의회는 고소장을 제출했고, 그들은 징역형의 실형을 선고받았다.

　　불행 중 다행인 것은 희생자의 오빠가 상실의 감정을 처리하기 시작했다는 것이다. 사랑하는 존재와의 이별에서 발생하는 상실의 감정을 제대로 처리하지 못했을 때 몸과 마음의 상처가 깊어지기 때문이다. "감정이 나와야 진짜 치유가 시작되는데, 그날 이후 아이는 자기 속 감정들을 아기가 첫 걸음마를 떼듯이 어렵게 꺼내기 시작합니다." 희생자의 오빠는 그렇게 애도를 시작했다. 왜 끔찍한 죽음이 조롱당해야 하는지 화를 내고, 서러워 펑펑 울면서 감정이 흐르기 시작한 것이다. 이 과정을 지켜본 정혜신 박사는 너무나 큰 분노를 담아 "드디어 화를 낼 수 있게 해줘서 고맙다고 해야 하나. 눈물 나게 고맙구나. 이 일베 악마자식들아."라며 글을

　　　　　　　　　　　　　　슬픔 – 소중한 것과 이별한 상실의 고통

마무리했다. 우리가 애도할 줄 아는 사람이라면 남의 불행을 조롱하는 자들에게 분노를 표현할 줄 알아야 한다.

『그리운 메이 아줌마』는 애도를 어떻게 하는지, 어떻게 슬픔에서 벗어나는지 잘 보여준다. 사랑하는 메이 아줌마가 세상을 떠나고 난 뒤 오브 아저씨는 정신이 나간 사람 같았고, 급기야는 아줌마가 다시 찾아와서 곁에 있다고 생각한다. 써머는 오브 아저씨까지 잘못될까 봐, 자신이 다시 친척 집을 떠돌게 될까 봐 불안하다. 그 매듭을 풀어준 것은 친구 클러스터였다. 사후 세계를 믿는다는 열두 살 소년 클러스터는 메이 아줌마의 영혼을 불러달라는 오브 아저씨의 요청을 뿌리치지 않고, 기꺼이 함께 아줌마의 밭으로 향한다. 오브 아저씨는 그곳에 서서 아줌마가 하루도 빠짐없이 아저씨의 아픈 무릎에 연고를 발라주던 일, 써머를 세상에서 제일 예쁜 우리 아기라고 불러주던 일처럼 사소하고 따스한 기억들을 이야기했다. 추억의 시간. 써머는 그 시간이 장례식보다 더 장례식답다고 생각했다. 장례식을 통해 정리되었어야 할 마음속의 뭔가가 비로소 정리된다고 느꼈다. 이 순간 인상적인 것은 클러스터의 태도다. 아무 말도 없이 진득하게 오브 아저씨의 넋두리 한마디 한마디를 귀담아 들으면서 사랑하는 존재를 그리워하는 오브 아저씨와 써머에게 위로를 안겨주었다. 그들의 애도는 그렇게 시작되었다.

그러나 눈물을 터트리기까지는 시간이 더 필요했다. 클러스터를 따라 영혼을 만나기 위한 여행을 떠났다가 허탕을 치고 집으로 돌아오는 길, 올빼미가 날아올라 깊은 어둠속으로 사라져가는 것을 보고 써머는 드디어 눈물을 터트리고 만다.

"아줌마가 돌아가신 뒤 한 번도 제대로 울어보지 못했다. 그저 아줌마의 빈자리를 견디는 데 급급해서 지난 두 계절 동안 내 속에 차오르던 눈물을 안으로 삼켜왔다." 하지만 "올빼미가 눈앞에서 어둠속으로 사라져버리자 이제 이 세상에서 메이 아줌마를 두 번 다시 만날 수 없다는 사실이 뼛속 깊이 와 닿았고, 더 이상 눈물을 참을 수 없었다. 울고 또 울어도 눈물은 그치지 않았다."

이런 눈물을 두고 프랑스의 사상가 롤랑 바르트Roland Barthes는 "격렬한 슬픔의 습격"이라는 표현을 썼다. 갑자기 예상하지 못한 곳에서 습격을 받은 듯이 터져버리는 울음, 이런 경우 눈물을 방어할 방법은 거의 없다. 이토록 우리를 격렬한 애도의 과정에 빠트리는 것은 커다란 사건이 아니다. 기억을 불러일으키는 냄새, 어디선가 들려오는 익숙한 노랫소리, 사소한 움직임, 노을…….
써머는 올빼미가 캄캄한 어둠 속으로 사라지는 것을 보면서 아줌

슬픔 – 소중한 것과 이별한 상실의 고통

마의 부재를 실감했다. 그렇게 실컷 운 다음에 "메이 아줌마가 너무 보고 싶다."고 말할 수 있었다. 그 이후 메이 아줌마를 생각하는 것이 "아프거나 두렵지 않았"고, "마음에는 고요한 평온"이 깃들었다. 오브 아저씨와 써머는 그렇게 메이 아줌마를 떠나보냈다. 살아생전의 모습을 이야기하며 추억을 나누고, 그리움을 감추지 않고 표현하고, 드디어 슬픔을 터트리면서 이별을 받아들인다. 이것이 애도 과정이다.

이별 따위 겪지 않고 살 수 있다면 얼마나 좋을까. 그러나 생각해보면 산다는 것은 끊임없이 만나고 이별하는 과정이다. 그렇기에 이별에는 애도의 과정이 필요하다. 열두 살 써머에게 그랬듯이 어린아이에게도 충분한 애도의 시간이 필요하다. 부모가 이혼 위기에 있거나 투병 중일 때, 어른들은 아이들이 충격을 받고 상처를 입을까 걱정하며 쉬쉬하는 경우가 많다. 부모가 돌아가신 경우에도 아이들이 힘들어할까 봐 자세한 이야기를 하지 않거나 장례 절차에 참여시키지 않기도 한다. 그러나 이것은 잘못된 배려일 수 있다. 오히려 이별을 준비할 시간과 애도의 시간을 뺏기는 것이라 더 큰 마음의 상처가 될 수 있다. 만약 아이가 헤어진 누군가를 그리워할 때는 야단치거나 피하지 말고 함께 이야기를 나누고 추억하는 시간을 갖는 게 좋다.

여기까지 생각을 하다 보면 마음에서 반론이 생길 수도 있다.

'헤어진 존재가 물건이나 다른 것이라면 모를까, 사랑하는 사람
과 죽음으로 헤어졌는데……. 이런 과정은 결국 떠난 사람은 깨끗
하게 잊고 잘 살라는 말인가? 그것이 윤리적인 말인가? 나는 잊을
수 없다. 절대 잊지 않겠다.' 그러나 슬픔을 딛고 일어선다는 것은
깨끗이, 감쪽같이 잊기 위한 것이 아니라 잘 간직하기 위한 것이
다. 롤랑 바르트의 말처럼 시간이 지나면 슬픔을 받아들이는 예민
함은 차차 사라질 것이다. 슬픔은 점차 투명해지며, 대상을 순수
하게 기억하게 된다. 정성을 다해 애도 작업을 하면 죽은 사람을
절대로 잊지 않게 된다.

슬픔-소중한 것과 이별한 상실의 고통

결핍에도 애도가 필요하다

우리는 사랑하는 존재와 이별을 할 때뿐 아니라 무언가를 잃어버렸을 때도 슬프다. 오랫동안 준비한 시험이나 경연 대회에서 떨어졌을 때, 이사하거나 이민을 가서 정들었던 공간을 떠나게 될 때, 소중한 물건을 잃어버렸을 때, 일자리를 잃었을 때, 사회적으로 실패했을 때, 사회적으로 영향력을 잃고 더 이상 중요한 사람이 아니라고 생각될 때, 재산을 잃었을 때, 더 이상 젊거나 아름답지 않다고 생각될 때, 오랫동안 존경하던 사람이 변절한 모습을 보았을 때, 좋아하던 고향 풍경이 공사나 개발로 인해 사라져갈 때 등 애착하던 대상을 잃을 때 느끼는 감정은 대체로 비슷하며, 이때도 애도가 필요하다.

얼마 전에 아는 후배로부터 한 통의 전화를 받았다. 최근에 미술을 통한 심리 치료를 받는 중인데 갑자기 잊고 있던 초등학교 3학년 때의 일이 떠올랐다는 것이다. 아버지의 사업 실패로 집안 사정이 어려워져 온 식구가 작은 집으로 이사를 가야 했다. 방이 두 개여서 여섯 식구가 살기에는 아주 비좁았는데, 마침 그 동네에 같은 학교에 다니는 5학년 언니가 살았다고 한다. 그 언니는 친절하게도 자기 방에서 같이 자자고 제안을 했다. 넓은 방에서 자면 편하고 좋겠다며 엄마는 그렇게 하라고 허락을 했고, 후배는 그 집에서 잠을 잤다고 한다. 까맣게 잊고 있던 그 생각이 왜 튀어올라왔을까? 후배는 엄마가 가지 말라고 해주기를 간절히 바랐다고 한다. 좁고 불편해도 엄마랑 자고 싶지 다른 집에 가서 자고 싶지 않았다. 그러나 엄마가 가서 편하게 자라고 하니 싫다는 말은 못 하고, 어쩐지 버려진 것 같은 느낌이 들었단다. 누구에게 말 한마디 못 하고 혼자 꽁꽁 숨겨뒀던 슬픔. 그런데 나이 마흔이 넘어서 그 생각이 떠올랐다. 그 당시 열 살이었던 자신이 너무 불쌍하고 마음이 아파서 펑펑 울었다고 한다. 상처 입었던 그 시간, 그 장소로 돌아가 당시 충분히 슬퍼하지 못했던 울음을 다시 우는 것. 어린 시절의 결핍에 대해 뒤늦게라도 애도를 하며 마음속에 뭉쳐 있던 슬픔을 떠나보내는 과정. 그렇게 후배는 열 살 때의 슬픔을 떠나보낸 것이다.

슬픔-소중한 것과 이별한 상실의 고통

애도하고 떠나보내야 할 것이 상실이나 결핍만은 아니다. 혹시 주변에서 이런 사람을 본 적이 있었는지 모르겠다. 나이 지긋한 어른들 중에는 그런 사람들이 꽤 있다. 한마디로 "왕년에 잘 나갔는데……."이다. 부잣집에 태어나 어린 시절에도 유복하게 자랐고, 성인이 돼서는 부모로부터 유산도 많이 물려받았다. 그런데 연거푸 사업에 실패하면서 재산을 탕진하고, 그 과정에서 가정불화가 생겨 이혼을 했다. 현재의 사정을 객관적으로 보면 작은 직장에 취직을 하든지, 사업을 해도 작은 규모로 시작을 하며 씀씀이도 줄여야 한다. 그런데 돈을 빌려서라도 큰 사업만 하려고 하고 예전처럼 돈을 펑펑 쓰고 다닌다. 그러다 빌린 돈을 갚지 못해 사기죄로 고소를 당하고 경찰서 신세를 진다. 그에게도 영광스러웠던, 유복했던 시절을 떠나보내는 시간과 과정이 필요한 게 아닌가 싶다. 단순히 돈을 잃은 것뿐 아니라 그 돈이 주던 편안함, 풍요로움, 안도감 등도 다 잃은 것이다. 이제 더 이상 그런 풍요롭고 편안한 환경이 자신에게 없다는 것을 인정하고 받아들여야 한다.

몇 년 전 떠나보내는 것을 참 잘한 아이를 본 적이 있다. 아직 기저귀를 하고 있을 때이니 세 살 무렵으로 기억된다. 아이의 집에서는 베란다 창을 통해 달이 뜨고 이동하는 것이 잘 보였다. 해질 녘이면 아이는 달이 뜨는 것을 보기 위해 베란다 창에 꼭 붙어있곤 했다. 그러다 희미하게 달이 보이기 시작하면 "달님, 달님"

하며 좋아했다. 아이는 처음에는 달에만 집중을 했는데, 어두워지면서 켜지기 시작하는 가로등 불빛, 차량의 불빛을 모두 달님이라 불렀다. 아이에게 있어 세상은 어두워지면 온통 달님으로 가득 차는 것이었다. 그런데 아이의 엄마는 매우 이성적이고 과학적인 사고를 하는 사람이라 아이가 세상의 불빛을 온통 달님이라고 부르는 것이 못마땅했다. 그래서 아이를 데리고 나가 가로등이 켜지는 순간을 보여주었다고 한다. "이건 달이 아니라 가로등이야." 그리고 차량의 전조등이 켜지는 순간을 보여주며, "이것도 달이 아니야. 세상에 달은 하나뿐이야."라고 말했다는 것이다. 그날 밤 베란다 창을 바라보던 아이의 슬픈 눈빛이라니……

아이는 베란다 창에 붙어서 밖을 보다가 참 슬픈 눈으로 나를 보며 물었다. "달님도 달님이고, 가로등도 가로등 달님이지?" 나는 그렇다고 대답했다. 아이는 가로등이 더 이상 달이 아니라는 것을 알았지만 자신이 가졌던 생각, 그 생각에 깃든 마음을 놓지 못하는 듯 계속 달님, 달님 불렀다. 그리고 일주일 후 다시 아이를 만났을 때, 아이는 맑고 또렷한 표정으로 말했다. "달님은 달님이고, 가로등은 가로등이야." 웃음이 났다. 아! 네가 가로등 달님을 보냈구나. 어두워지면 온통 달로 가득 차는 세상을 떠나보내고, 달은 하나뿐이라는 사실을 받아들였구나 생각했다. 아마도 일주일 동안 창밖을 보며 나름대로 떠나보내고 받아들이는 시간을 보

슬픔─소중한 것과 이별한 상실의 고통

슬픔을 치유의 감정이라고도 한다.
슬픔을 통해 마음속에 고여 있던
복잡하고 복합적인 감정을 만나게 되고,
그 감정을 해소해가며 치유가 일어나기 때문이다.
그래서 슬픔은 나약함이나 병이 아니다.
자기 안의 슬픔과 만나는 것은 슬픈 일이 아니다.

내지 않았을까.

　내 마음을 들여다보면서 어린 시절의 어떤 결핍이 인생에 영향을 미쳤다고 생각한 때가 있었다. 나에게 없는 '그것'이 있었다면, 할 수 없는 '그런 것'을 배웠다면 20대에는 다른 선택을 했을 테고, 그것이 발판이 되어 30대는 더 나았을 것이라고 생각했다. 그 헛된 생각이 깊어져서 마음이 지쳐갔다. 그러던 어느 날 나에게는 '그것'이 없으며, '그런 것'을 배우지 않았으며, 쓸데없는 상상으로 만들어낸 20대는 나에게 없다는 것, 내 것이 아님을 알았다. 알았다기보다는 받아들였다. 그 쓸데없는 생각이 내 인생과 상관

있는 것처럼 쥐고 있을 때는 화가 나 있었지만, 그런 것이 나에게 없음을 받아들였을 때는 깊은 슬픔이 느껴졌다. 결핍이 있었던 어린 시절, 마음에 들지 않았던 20대, 그 시절을 쥐고 안타까웠던 과거의 시간을 다 떠나보냈다. 소설가 김형경 씨는 과거의 자기를 떠나보내는 것 역시 애도 작업이며, 성장하는 과정에서 반복적으로 과거의 자기를 죽이고 떠나보낸다고 했다. 공감하는 말이다.

　슬픔을 치유의 감정이라고도 한다. 슬픔을 통해 마음속에 고여 있던 복잡하고 복합적인 감정을 만나게 되고, 그 감정을 하나씩

해소해가며 치유가 일어나기 때문이다. 그래서 슬픔은 나약함이나 병이 아니며, 살다가 자기 안의 오래된 슬픔을 만난다는 것은 그리 슬픈 일이 아니다.

슬픔을 허락하지 않는 사회

　'아들 키우기'를 주제로 하는 양육서에는 아이가 눈물을 흘릴 때 "사내 녀석이 우는 거 아니야."라고 말하지 말라고 적혀 있다. 동서양을 막론하고 남자는 울지 않아야 강하다는 생각이 지배적이라서 남자아이 역시 울지 않도록 키우기 쉬운데, 이 양육 방식이 남자의 삶에 문제를 일으킨다는 것이다. 눈물을 쉽게 흘리지 말라는 것은 감정 중에서도 슬픔의 감정을 남에게 내보이지 말라는 것이다. 그런데 보이지 않으면 없는 것일까? 남녀를 가리지 않고 눈물을 잘 참는 사람은 자기감정을 알아서 처리하는 냉철한 사람으로 여기는 것 같다. 반면 눈물을 참지 못하며 자주 자기연민을 드러내는 친구에게는 "마음은 알겠는데, 이제 좀 그만해. 언제

　　　　　　　슬픔 - 소중한 것과 이별한 상실의 고통

까지 그럴 거야."라고 충고를 하지는 않는가?

베레나 카스트도 자신의 임상에서 '상실에 대해 충분히 애도하지 않는 사람'을 자주 만난다면서 "우리 사회에서는 슬픔을 매우 빨리 '극복'하는 것을 강자의 특징으로 여기는 경향이 있다."고 말한다. 동서고금을 막론하고 우리는 자신이나 타인의 슬픔에 대해 관대한 것 같지는 않다.

『그리운 메이 아줌마』에서 써머와 오브 아저씨가 슬픔의 눈물을 터트린 것은 장례식을 마치고도 몇 달이 지나서였다. 왜 두 사람은 제대로 울지도 못했을까? 써머는 장례식에서 통곡할 기회를 뺏겼다고 말한다. "사람들은 결혼을 하거나 교회에 다니거나 아이를 키울 때와 마찬가지로 친척이 죽어서 슬픔에 잠기는 시간도 정해진 틀에 따르기를 바란다. 메이 아줌마가 돌아가셨을 때 아저씨와 나는 장례식장을 찾아가 사무적인 일들을 처리하고, 목사를 찾아가 종교 절차를 얘기했으며, 그전에는 얼굴도 보기 힘들었던 수십 명의 친척과 의미 없는 이야기들을 나누었다. 장례식을 치르는 동안 오브 아저씨와 나는 난데없이 사교계의 명사라도 된 듯했고, 그렇게 우리는 머리를 쥐어뜯으며 목 놓아 통곡할 기회조차 빼앗기고 말았다. 사람들은 우리가 어떤 틀에 의해 슬퍼하기를 바랐다."

메이 아줌마가 돌아가시고 며칠간 써머와 오브 아저씨는 장례

의식을 치르느라 실컷 울지도 못했다. 어렸을 때 어른들은 큰 이별을 한 사람들이 너무 깊은 슬픔에 빠지지 않도록, 너무 울어 탈진하지 않도록 장례식장에서는 말도 시키고 밥도 먹게 하고 우스갯소리도 해야 한다고 말했었다. '너무 슬퍼하지 않도록……'

영화 〈화장〉에서 보면 주인공이 아내를 잃었는데 회사 직원들이 결재 서류를 들고 와서 회의를 하고 사인을 받아가는 장면이 나온다. 지난해 선배 작가가 아버지상을 당했을 때도 중간중간 제작진과 다음 회 내용에 대해 얘기를 하는 것을 보았다. 다들 바쁘게 살아 왔고 누군가를 잃었다고 해서 일을 멈출 수 있는 것도 아니지만 가족을 잃은 사람들이 그렇게 분주하게 다니는 것을 보니 안타까웠다. 슬픔을 느끼고 말고 할 시간이 없고, 그러다 보니 당장은 자신이 큰일을 당하고도 괜찮은 줄 아는 것은 아닐까.

30대 초반에 교통사고로 세상을 떠난 친구가 있었는데 그 친구 어머니의 모습은 참 인상적이었다. 친구는 결혼을 일찍 하여 여섯 살, 일곱 살 두 명의 아이가 있었다. 종교적인 의식 등 장례 의식이 진행될 때마다 친구 어머니, 그러니까 아이들의 외할머니는 아이들을 깨워 참여시켰다. 주변 사람들이 아이들은 그냥 재우라고 했지만 외할머니는 고집스러웠다. 그때는 딸이 젊은 나이에 떠났으니 마음이 아파서 저러시는구나 생각을 했지만, 지금 생각해 보면 친구 어머니가 잘하신 것 같다. 아이들에게도 내내 잠만 자면서 엄

슬픔 – 소중한 것과 이별한 상실의 고통

마를 떠나보내는 것보다는 많이 울고 슬퍼하며 충분히 인사를 나눌 수 있는 것이 낫다. 어쩌면 우리는 누구나 다 당하는 일이니 슬픔을 그렇게 요란하게 표현할 것 없다고 생각하는지도 모른다.

"네가 네 아버지에 대한 애도의 의무를 다하는 것은 칭찬할 만한 일이다. 그러나 네 아버지도 아버지를 잃었고, 그 아버지의 아버지도 아버지를 잃었다는 사실을 알아야 한다. 살아남은 자식은 부모에 대한 의무감에서 한동안 슬픔에 잠기는 거다. 그러나 애도를 너무 오래 고집하는 건 불경스러운 완고함이다. 그리고 그것은 남자답지 못한 슬픔이다."

셰익스피어의 4대 비극 중 하나인 작품 『햄릿』에 나오는 대사인데, 아버지를 잃은 햄릿이 애통해하자 그의 삼촌이 하는 말이다. 왕은철은 『애도예찬』에서 햄릿의 근간이 되는 문제는 단축된 애도의 문제라고 한 자크 라캉Jacques Lacan의 말을 인용한다. 흔히 『햄릿』을 아버지를 죽인 삼촌에 대한 복수극으로 보지만, 복수보다 훨씬 중요한 것이 좌절당한 애도가 얼마나 사람을 견디기 힘들게 만드는지를 이야기한다는 것이다. 아버지의 장례식이 끝난 지 한 달도 되지 않아 삼촌과 결혼한 어머니. 햄릿은 아직 아버지를 떠나보내지도 못했는데 새로운 삶을 살기 시작한 어머니. 아버지를 죽음으로 잃는 일은 누구에게나 있는 일이니 이제 그만 남자답게 슬픔을 멈추라는 삼촌. 그 좌절당한 애도가 햄릿에게 큰 문제가 됐다는 해석이다.

이별이란 이렇게 간단한 문제가 아니다. 잘 떠나보낼 시간이 필요하고, 또한 잘 기억해야 할 필요도 있다. 문제는 "많이 울었다. 이제 그만해라."라는 애도에 대한 야박함이다. 햄릿의 많은 심리적인 문제가 애도 기간과 관련이 있다고 보는 것처럼 단축된 애도는 문제를 남긴다.

우리 사회는 사람들이 충분히 슬퍼할 것을 권장하지 않는다. 한마디로 슬픔은 경제적인 가치가 없기 때문이다. 사회 구성원이 오래도록 슬픔에 빠져 있으면 일 할 시간이 줄어들고 생산성도 떨어진다.

애도에 대한 야박함은 개인보다는 사회적인 사건에서 잘 드러난다. 큰 참사가 일어나면 전 사회적으로 분노하고 슬퍼하고 애도를 표현하지만, 며칠 지나지 않아 "이제 그만하자."는 말들이 나온다. 사회는 우리가 애도할 시간을 허락하지 않고, 적당히 울고 빨리 예전으로 돌아가길 바란다. 그러나 충분히 애도하지 않고 슬퍼하지 못하면 풀리지 않는 응어리를 담고 살아가야 한다. 롤랑 바르트의 말을 빌려 정리하자면 "슬픔을 슬퍼할 수 없게 만드는 사회는 나쁜 사회"다.

슬픔 – 소중한 것과 이별한 상실의 고통

슬픔에 대처하는 우리의 자세

"슬퍼할 만큼 슬퍼하고 애도할 만큼 애도하자."

"그러나 슬픔이 우리를 파괴하지 않도록 스스로를 잘 보살펴야
한다."

프랑스의 저명한 심리상담가인 안 앙셀렝 슈창베르제Anne Ance-
lin Schützenberger와 에블린 비손 죄프루아Evelyne Bisson Jeufroy가 공동
집필한『차마 울지 못한 당신을 위하여』는 이별과 상실의 고통에
서 벗어나 다시 살아가는 법에 대해 적고 있다.

슈창베르제는 열일곱 살 때 네 살 아래 여동생의 죽음을 지켜
봤다. 그는 병균에 감염되어 세상을 떠난 여동생에 대해 이야기하
고 싶지 않아 이름도 바꾸고 대학 진로도 바꿨다. 이후 집단 심리
극을 통해 상담과 치료를 하며 죽음과 이별, 그 과정에서 감정을

다스리고 슬픔에서 벗어나는 법을 연구했다. 또 다른 저자 죄프 루아는 스물다섯에 생후 6개월 된 둘째 아이, 소피아를 갑작스레 떠나보냈다. 얼마 뒤 임신해서 아들을 낳았지만 우울증에 빠져 허우적거렸다. 딸의 죽음을 입 밖에 내지 못하고 살던 그는 20년 쯤 흐른 1995년, 슈창베르제 교수가 지도하는 제노소시오그램 연수에 참가한 것을 계기로 비로소 딸의 죽음을 받아들이고 애도할 수 있었다. 자신들의 경험과 연구를 바탕으로 갖가지 상실을 경험한 이들이 슬픔에 대처하는 방법을 알려주고 삶으로 돌아가는 방법을 적고 있는데, 그중 청소년에게 들려주고 싶은 이야기를 전한다.

1. 살면서 상실을 겪지 않는 사람은 없다. 그리고 모든 상실에는 '충분한 애도'가 필요하다.

2. 부모나 형제자매가 세상을 떠나면 죄책감에 시달리게 된다. 그러나 이는 자신의 잘못이 아니며, 그 죽음에 아무런 책임이 없는 것을 알아야 한다.

3. 애도는 치유의 과정이다. 혼자 숨어서 우는 것은 치유 효과가 없으며, 여러 사람이 모여 함께 슬픔을 나누는 것이 좋다. 친척, 친구, 이웃들과 함께 고인의 추억을 나누는 것이 슬픔을 극복하는 바람직한 방법이다.

슬픔 - 소중한 것과 이별한 상실의 고통

4. 우리를 병들게 하는 것은 우리가 입은 상처 그 자체가 아니라 우리가 어떤 일을 당했는지 말을 할 수 없기 때문이다.

5. 돕고 싶다면 어설픈 조언 대신 아무 말 없이 옆에 있어 주어라. 슬픔을 겪고 있는 사람들이 그들끼리만 있게 해서는 안 된다.

6. 비극적인 사건을 겪은 뒤에는 주변인들이 오랫동안 계속해서 돌봐줄 수 있도록 '후원인 네트워크' 만들기를 권한다.

7. 애도 과정을 통해 우리는 죽은 사람을 잊는 것이 아니라 마음속에 영원히 간직하게 될 것이다.

8. 애도를 하기 위해서는 오랫동안 고통스럽고 힘든, 특별한 노력을 기울여야 한다. 그러나 애도를 마치고 나면 우리는 받아들일 수 없는 것을 받아들지 못한 채 억지로 살아남는 것이 아니라 진정한 삶을 살아갈 수 있다는 사실을 명심하자.

혹시 누군가에게 표현하고 감정을 나누기 힘들다면 '글쓰기'를 권한다. 글쓰기가 치유의 효과가 있다는 것은 이미 여러 연구를 통해 검증되었는데, 장기적인 글쓰기는 외상 후 스트레스 증후군을 치유하는 데도 도움이 된다.

이런 글쓰기는 누구에게 보여줄 필요가 없고, 글을 잘 써야 할 이유도 없다. 일어난 일과 그때의 감정에 대해 떠오르는 대로 자세히 쓴다. 쓰다가 다른 생각이 나면 생각이 흐르는 대로 따라간다. 그렇게 물이 흐르듯 생각을 흘려보내다 보면 그 일의 의미가 무엇이었는지, 내 감정의 실체가 무엇인지, 내가 어떤 것을 가장 힘들어하는지, 무엇을 원하는지 드러날 때가 있다. 특히 애도 일기는 이별 후 슬픔을 받아들이고 떠난 존재와 잘 이별하는 길이 된다.

글쓰기를 통해서 안정을 얻게 되면 믿을 만한 사람과 이야기를 나눠보자. 그러면 그 슬픔이 일어난 상황이 오직 나에게만 일어나는 것은 아님을 알게 된다. 그렇게 내 감정을 스스로 위로하면서 슬픔에서 빠져나올 수 있다.

슬픔 - 소중한 것과 이별한 상실의 고통

이야기를 마치며

내가 내 감정을 모른다는 것을 어떻게 알 수 있을까? 이것이 어렵다. 감정을 모른다는 것을 알면 뭐든 노력을 해볼 텐데, 내가 내 감정을 모른다는 것을 모르고 있으면 난감하다. 이것은 어떤 순간에 감정을 누르고 숨긴다는 것과는 다르다. 감정이 뭔지는 아는데 표현을 못한다는 것과도 다르다. 감정적인 사람이라고 해서 감정을 다 아는 것도 아니다. 잘 웃고, 잘 울고, 벌컥벌컥 화를 잘 내며 말을 잘해서 마치 감정 표현을 잘하는 듯해도 실상 자기감정을 모르는 경우도 많다.

간혹 내 행동과 말이 이해가 안 될 때가 있다. 왜 그렇게 행동을 했는지, 왜 그런 말을 했는지 자연스럽지 않고 진실 되지 않게 느껴질 때가 있다. 그런 행동의 끝자락을 잡고 곰곰이 생각하다 보면 이 행동과 말의 이유에 가 닿을 때가 있다.

누군가의 의견에 귀를 기울이는 것도 좋다. 내 눈에 대들보는 안 보여도 남의 눈에 티끌은 보이는 법이라 타인의 말에서도 내 감정적인 문제를 발견할 수 있다. 내 경우에는 친구의 한마디 말에서 시작되었다. "누구도 너처럼 화를 내지는 않아." 내 이익과 관련이 없는 남의 일에도 화를 잘 내면서 나는 어쩌면 좀 정의롭다는 착각을 하고 있었던 것 같다. 그런데 친구는 내 깊은 곳에 있는 분노의 씨앗을 알아본 것이다. 그렇게 시작된 감정 공부는 길고 힘들었으며 여전히 계속되고 있지만 나에게 가장 많은 것을 알게 했고, 힘을 주었다.

청소년기는 감정 공부를 하기에 가장 적절한 시기라고 생각한다. 더 늦기 전에 시작했으면 좋겠다. 그래야 불편하고 부정적인 감정에 휘둘리느라 에너지를 낭비하지 않고, 시간을 관리할 줄 알고, 자신에게 맞는 공부법을 찾을 수 있고, 타인의 말에 귀를 기울여 좋은 점은 참고할 수 있다. 있는 그대로의 나를 인정하고 내 속에 있는 보물을 찾아 집중할 수 있다. 그래서 늘 청소년을 만나면, 인생을 잘 살고 싶으면 먼저 '감정을 아는 능력'을 키우라고 말한다.

자기감정을 아는 것은, 말을 바꾸면 자신의 마음을 아는 것이고, 결국 자기를 아는 것이다. 성인이 되어 이미 마음의 방어벽을 높게 쌓은 다음에는 힘든 작업이지만 청소년기에 시작한다면 그보다 훨씬 수월할 것이다. 아무쪼록 감정 따위! 하며 무시하지 말고, 감정 능력을 키우고 그 결과 자기 안의 보물을 발견하기를 바라며 글을 맺는다.

- 존 브래드쇼『상처받은 내면아이 치유』학지사, 2004
- 리처드 래저러스, 버니스 래저러스『감정과 이성』문예출판사, 1997
- 알랭 드 보통『불안』이레, 2009
- 폴리 웰즈『불안해서 미치겠다고?』씨드북, 2014
- 최주연『불안 버리기』소울메이트, 2011
- 가토 다이조『나는 내가 아픈 줄도 모르고』나무생각, 2014
- 존 브래드쇼『수치심의 치유』사단법인 한국상담심리연구원, 2003
- 김병준『강심장 트레이닝』중앙북스, 2014
- 윌리엄 어빈『알게 모르게, 모욕감』마디, 2014
- 롤프 하우블『시기심』에코리브르, 2009
- 케이트 배로스『시기심』이제이북스, 2004
- 앤 배리율라노프『신데렐라와 그 자매들』한국심리치료연구소, 1999
- W. 휴미실다인『몸에 밴 어린시절』카톨릭출판사, 2006
- 베레나 카스트『애도』궁리출판, 2007
- 롤랑 바르트『애도 일기』이순, 2012
- 김형경『좋은 이별』푸른숲, 2009
- 김형경『천개의 공감』한겨레출판, 2006
- 왕은철『애도예찬』현대문학, 2012
- 이무석『자존감』비전과리더십, 2009

- 줄리아 카메론 『아티스트 웨이』 경당, 2003
- 조서경, EBS미디어 『중2 혁명』 예담friend, 2014
- 신시아 라일런트 『그리운 메이 아줌마』 사계절, 1999
- 버나드 맨더빌 『꿀벌의 우화』 문예출판사, 2010
- 안 앙셀렝 슈창베르제, 에블린 비손 죄프루아 『차마 울지 못한 당신을 위하여』 민음인, 2014
- 로버트 드 보드 『토드를 위한 심리 상담』 교양인, 2012

나는 왜 내 마음을 모를까?

ⓒ 조서경, 2016

초판 1쇄 발행일 2016년 10월 30일
초판 9쇄 발행일 2024년 11월 1일

지은이   조서경
그린이   김윤선
펴낸이   정은영

펴낸곳   (주)자음과모음
출판등록   2001년 11월 28일 제2001-000259호
주소   10881 경기도 파주시 회동길 325-20
전화   편집부 (02)324-2347, 경영지원부 (02)325-6047
팩스   편집부 (02)324-2348, 경영지원부 (02)2648-1311
이메일   jamoteen@jamobook.com

ISBN 978-89-544-3675-5 (44080)
      978-89-544-3135-4 (set)

51, 88, 95, 149, 179쪽 이미지는 Shutterstock에서 라이선스를 받아 사용했습니다.